读客文化

[德]扬·韦斯特霍夫 著
王 师 译

中原出版传媒集团
中原传媒股份公司
大象出版社
·郑州·

图书在版编目（CIP）数据

我们的世界是真实的吗 /（德）扬 · 韦斯特霍夫著；王师译 . -- 郑州 : 大象出版社 , 2021.11（2022.7 重印）
ISBN 978-7-5711-1189-2

Ⅰ . ①我… Ⅱ . ①扬… ②王… Ⅲ . ①世界（哲学）- 研究 Ⅳ . ① B0

中国版本图书馆 CIP 数据核字（2021）第 183389 号

我们的世界是真实的吗

WOMEN DE SHIJIE SHI ZHENSHI DE MA

[德] 扬 · 韦斯特霍夫　著

王　师　译

出 版 人　汪林中
策划编辑　韩汶君　闫莹莹　沈　骏
责任编辑　王　冰
责任校对　万冬辉
美术编辑　杜晓燕
封面设计　王　晓
版式设计　王　晓

出版发行　大象出版社（郑州市郑东新区祥盛街 27 号　邮政编码 450016）
发行科　0371-63863551　总编室　0371-65597936
网　　址　www.daxiang.cn
印　　刷　嘉业印刷（天津）有限公司
经　　销　各地新华书店经销
开　　本　880 mm × 1230 mm　1/32
印　　张　5.25
字　　数　83 千字
版　　次　2021 年 11 月第 1 版　2022 年 7 月第 2 次印刷
定　　价　36.00 元

目 录

插图目录

导 言

当你站这儿（可能是书店、图书馆，也可能是家中）阅读这页文字的时候，你大概深信这本书、这些书页，还有印在书页上的每个字都是真实存在的。或许你还深信自己并不是在做梦，你捧着书阅读这件事是实实在在的。当然，你更会坚信你自身是真实的，你并不是在他人的梦中（就像《爱丽丝梦游仙境》中的红桃国王）阅读这本关于真实性的书。这些信念可以说是健康心理的反映。在大多数时候，大多数人都不相信自己处于梦境中（只有极少数人认为真实的生活是梦境），他们也不会假定周遭的物质对象并不真实存在，更不会认为自己只是他人小说中的虚构角色。不过，一个对身边事物的真实性从来没有过哪怕一点点怀疑的人，往往是缺乏哲学想象力的。

在本书中，我们将对支持这些怀疑的若干论证做一番讨论，然后看看这些论证是否合理。我们先在第一章谈谈如何（如果能的话）把清醒的经验与梦境或虚拟场景区分开来。第二章再探讨书本、桌椅等周遭的物质对象是否真实存在的问题。第三章围绕着人（特别是你）的真实性问题展开。第四章要讨论的则是：作为我们以及周遭一切对象寓于其中的媒介，时间是否真实存在。

第一章
梦境与虚拟世界

一天晚上，法国动物学家伊夫·德拉热（Yves Delage）[1]被一阵敲门声吵醒。敲门的是公寓的管理员，他说德拉热的一个朋友得了重病，让他赶快起床前去看望。听到这个消息，德拉热赶忙起床，匆匆洗漱更衣。就在他用湿海绵洗脸的时候，冰冷的感觉使他醒了过来。德拉热这才意识到自己还穿着睡衣躺在床上。根本没有人敲门，前面的整个经历都只是场梦。

几分钟之后，又传来一阵敲门声，正是公寓管理员，他在门外说："先生，您怎么还没动身？""天哪！这是真的！我以为自己在做梦。""才不是做梦。快点儿，他们都在等着您

1　伊夫·德拉热（Yves Delage，1854—1920），法国著名动物学家，主要研究无脊椎动物的生理学和解剖学构造。——译者注

呢！”德拉热赶忙起床，匆匆洗漱更衣。就在他用湿海绵洗脸的时候，冰冷的感觉又使他醒了过来，他再次意识到自己还穿着睡衣躺在床上。几分钟之后，再度传来敲门声，还是公寓管理员，他在门外说：“先生……”

据德拉热回忆，直到他最后真正从梦境醒来之前，这样的循环一共重复了四次。德拉热体验到的正是一种非同寻常但并不罕见的假醒：他以为自己在现实世界中醒来，后来才意识到自己醒来本身也是梦境的一部分；第二次醒来也仍然还在梦境中。在真正醒来之前，做梦者可能会经历多层嵌套的梦境，这类假醒的经历往往令人感到十分沮丧。

这种沮丧主要有两方面原因：首先是对于困在永恒循环中的恐惧。在这种循环中，同样的一系列事件不断地重复发生，就像电影《土拨鼠之日》（*Groundhog Day*）所描绘的那样。其次，假醒会使我们怀疑真醒的真实性。从一个梦中苏醒进入另一个“更深一层”的梦，这个想法听起来颇为真实可信——既如此，我们如何确定今天早晨起床前的那次睡醒是真的睡醒呢？你怎么知道自己不是醒来进入了另一个梦呢？你确信自己此时此刻的一切经历不是另一个梦境吗？你怎么知道一会儿之后自己不会再次醒来，来到现实世界或者进入又一个梦境呢？

思考自己当下正处于梦境中的可能性这件事是非常令人困惑的。你或许会认为这几乎是不可能的，就如同中彩票头奖或骤然倒地死亡那样概率极低。许多事情虽然具有理论上的可能性，但它们的概率极低（比如一只猴子胡乱敲击打字机的键盘，却恰好打出了一整部《莎士比亚全集》，或者某个宏观物体由于“量子隧穿效应”而突然消失）。既然你毫不担心这本书有可能因为诡异的量子效应而一下子从你手中消失不见，那你又为什么要担心自己此时此刻正处于梦境中呢?

然而后面这种担心是合理的，因为与这本书由于量子效应而消失不见相比，你此刻正在梦境中的可能性要大得多。让我们做个简单的计算：不妨乐观地假定你每晚睡8小时，这就意味着你醒着的时候是16小时。睡眠专家的研究表明，做梦与REM（快速眼球运动期）睡眠有密切的联系。REM睡眠的特征是睡眠时眼球的快速运动；REM睡眠时的大脑是高度活跃的，其神经电流活动与醒着的大脑很相似，不过与某些非REM睡眠相比，此时的睡眠者更难被唤醒。我们知道，REM睡眠的时间大概占睡眠总时间的20%～25%。基本取最低值20%，并且假定你只在REM睡眠中做梦，这也意味着你每晚做梦的时间长达1.6小时。也就是说，平均每一天里，你醒着的有意识的时间是16小时，而睡梦中有意识的时间则是1.6小时，这意味着任何时刻你处于梦境的概率是十分之一。这个概率是相当高的——不妨做个比较：中彩票头奖的概率大约是1/14 000 000（也就是说，如果你每周都买一注彩票，你大约要花26万年才可能中一次头彩），本书作者在明年死于意外事故的概率大概略小于1/2500。

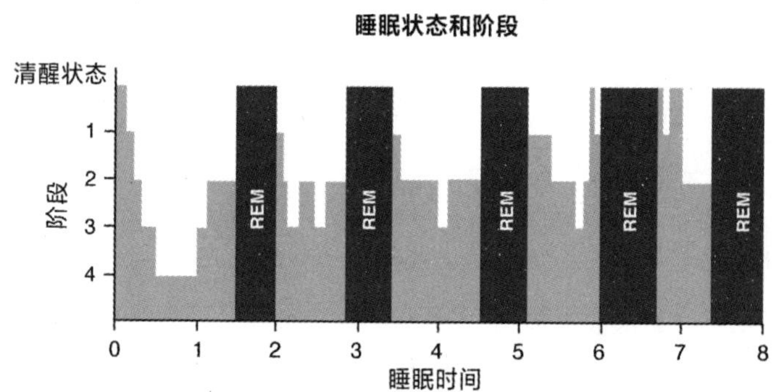

图1　各睡眠状态在8小时中的典型分布。非REM期（浅灰）的数值越高，睡眠者就越难被唤醒

梦里的时间过得多快?

梦里的时间和醒着的时候一样快吗？有些传言

认为睡梦中的时间比醒着的时候快得多。据说，先知穆罕默德曾在梦中拜访了七个天堂，而那场梦比水从倒过来的瓶口流出的时间还要短。许多人在梦中曾经体验过历时数日的场景，这似乎意味着梦境中经历的时间要比实际做梦的时间快得多。如果真是这样，那么我们用来做梦的每单位睡眠时间都会有更多有意识的时刻，也就是说，我们此时此刻正在梦境的概率要比0.1高得多。不过，关于清醒梦（lucid dreaming，在清醒梦中，做梦者知道自己在做梦）的研究表明，梦里和现实生活中的时间快慢大致相同。做清醒梦的人在梦境中活动眼球时，他们的眼球在现实中也做相同的运动。睡眠实验室可以追踪这种运动，并由此观察做梦者如何将梦中的信号传递到现实世界。例如，让受试者在清醒梦中从左向右运动眼球五次，接着估计所花的时间，而后再做一组运动。这样一来，我们就可以比较现实世界与梦中的时间快慢了。实验表明：平均而言，

> 做梦者在梦中估计为10秒的时间段实际上是13秒，而他们在清醒梦中经历的时间长短与此相同，也是13秒。这似乎意味着，对每单位的清醒时间而言，醒着和做梦各自所包含的有意识时刻是同样长的。

这么说来，你此时此刻正在睡梦中的可能性还是极其大的。但这个问题真的重要吗？诚然，我们无法完全排除“一切皆是梦境”的可能性，但只要这梦境是持续的，我们的生活就不会有任何不同。即便我兜里那张五英镑钞票只是梦里的货币，即便我用它买来的那块草莓蛋糕只是梦里的蛋糕，但我终究获得了吃草莓蛋糕的感觉，夫复何求？即便我此时此刻正在做梦，我也仍然能够规划自己的生活，结果也仍然跟随着原因，行动也仍然会带来后果，而这些后果都只是梦中的后果。既然我们之前假定自己无法分辨是否在梦境中，我为什么要担心这些呢？毕竟，经验世界不会受任何影响，这才是关键。不过，这番推理有些太仓促了。事实上，你此时此刻是否在做梦还是有很大区别的。首先，如果你一直在梦境的话，你此前的大部分信念就会是假的。你可能相信眼前有一块草莓蛋糕，它是由糕点师傅做出来的物质对象，具有特定的形状、重量，富含糖分……这些特点使你能够感知这块蛋糕。所有这些信念都将是假的。事实上，根本不存在具有这些特质的一块蛋糕，有的只是你脑海中一系列图像以特定方式构筑的一个“蛋糕”的观念，但它与外在的蛋糕毫无关系。

其次，你很可能需要修改自己的伦理道德信念。你或许会认为自己身边的那些人——配偶、父母、朋友、同事等——都是真实存在的。但在梦境中，这些人都不是真实的。你心中有的无非是些观念，你认为它们表征着真实的人，但事实上它们并不表征任何人。我们通常都认为自己的行动应当合乎道德，因为我们的行动会给他人带来后果：如果有些行动会给他人带来痛苦，我们就不要去做这些行动；如果它们会给他人带来幸福，我们就要努力去做这些行动。然而如果你接触到的所有人都只是你梦境中的图像，那么所有上述的这些动机都将毫无意义。当然，你仍然要避免做那些会给你自己带来不愉快后果的不道德行动——毕竟，在梦中被关进监狱，那滋味未必会比真实中被关进监狱好多少——但只要你可以避免行动带来的不良后果，他人的意愿和担忧就完全不会影响你行动与否，因为这些意愿和担忧通通是不真实的。

因此，如果你所有的经验都只是一场梦，那将会对你的知识和行动准则带来实质性的后果。而如果我们假定一切事物都只是你心中的观念，那么这些后果就会变得特别极端。这种哲学立场叫作唯我论（solipsism），它主张整个世界都只存在于你的心灵之中。你大概听过这个笑话吧，一个困惑的唯我论者写信给他正苦恼不堪的阿姨，他写道："亲爱的女士，我是一名唯我论者。这个哲学立场太妙了，为什么没有更多人相信这个理论呢？"与唯我论相比，上述那种认为一切都是梦境的主张可算是相当温和了。如果你此刻正在做梦，这意味着你会有醒来的时候，并且至少在有限的一些状况下，你可以说自己拥有真的信念（例如数学中的概念，它们在梦境中也是成立的）。我们也可以在梦中世界里为道德行为进行论证，比如我们可以说：不道德行为会扭曲你的性格，而你的性格在你醒来之后也部分存在。但对唯我论者而言，外部世界是不存在的，所有的他人和事物都不存在。真正存在的只有一个人，那就是"我"，世间万物都在我心灵之中。

我们此刻是否处于梦境？这种担忧通常会让我们想到法国哲学家笛卡儿（1596—1650），他在《第一哲学沉思录》

（*Meditations on First Philosophy*）的开篇就讨论了这个问题。在当代的讨论中，人们关注的是这种担忧的现代高科技版本，即我们可能只是“缸中之脑”（brain in a vat）。

借助现代医学技术，即便缺少一部分关键器官（例如心脏和肾脏）的人也能暂时维持生存。不久的将来，人工肺与人工肝也将问世。不妨想象一下，未来的某个时候，科技已经非常先进，即便一个人身体的其他部分都不在了，他的生命仍然能够维持在他的大脑中。我们可以通过血液的替代物为这个大脑输送各种营养，因此大脑已经不需要原先的身体来维系其运作了。目前，科学家已经在豚鼠的大脑上取得了一定的进展，该技术成熟应用到人脑上似乎只是时间问题。

然而最关键的不在于如何维系大脑的生命，而在于如何让大脑持续获得刺激。毕竟，隔绝在那种人工环境中的大脑，没有任何感官和运动功能。这比大脑和脑干受损的“闭锁综合征”还要糟。至少“闭锁综合征”患者还能接收一部分感知输入信号，而处于隔绝状态的大脑无法获得任何来自周遭世界的信息。因此，为了让缸中的大脑不那么难受，我们可以对它施加刺激信号，就如同原来的感觉器官给大脑提供信号一样。这显然超出了当前的科技水平，但其中的一些基本技术我们已经

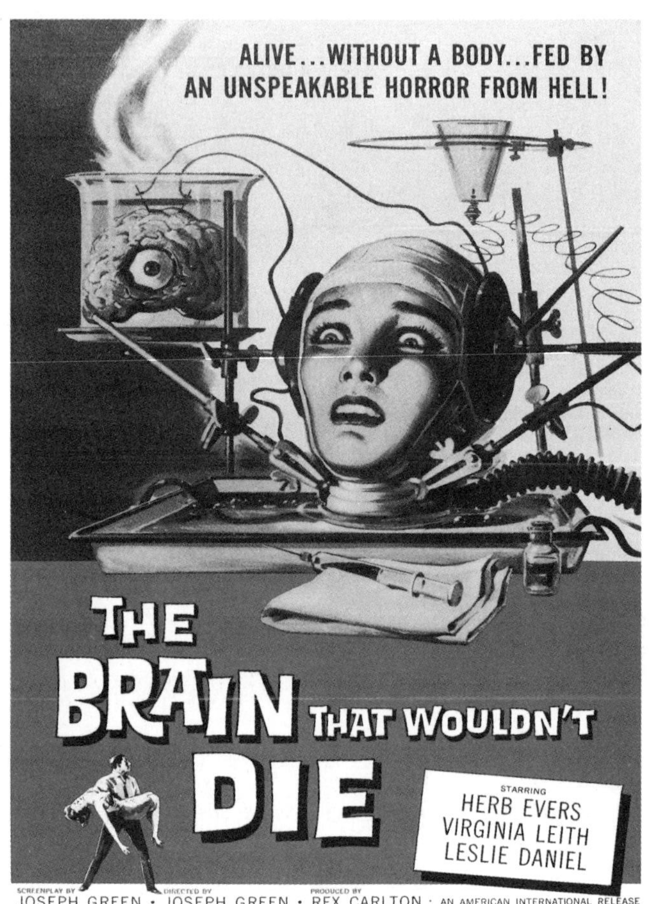

图2　描绘“缸中之脑”场景的早期电影

拥有了。例如，通过在大脑皮质中直接植入一系列与摄像头相连的电极，我们能用人机接口技术来帮助非先天性失明者重见光明，而机械手臂的研究也取得了积极的进展。在未来世界，基于这些技术的新科技可能会为隔绝在缸中的大脑带去一整个虚拟世界供其娱乐。当然，这些虚拟世界与真实的世界大不相同。把电极直接植入缸中之脑，让它觉得好像仍然有双眼能看到一切，这种做法让人感到十分残忍——想象一下：在一家地区医院里，许多大缸被一排排地陈列在架子上，每个缸里都装着浸在营养液中的大脑，周围是一堆维系大脑生命的复杂设备。不过，既然虚拟现实技术已经能够作为减少病人痛苦的医疗手段，那么给病人（更确切地说是病人的大脑）提供一个虚拟世界，让他感到自己仍然是身体健全、生活美满的人，不是更好吗？

但这也会引发一个令人不安的想法：如果这是合乎医疗伦理的，如果未来的某个时候，人类完全有可能掌握相关的科技，那么我们怎么知道自己此时此刻不是缸中之脑呢？对这个问题，我们显然不能仅仅回答说："我们生活在21世纪初，目前医生无法做到这些。"因为如果我们是被提供了虚拟世界的隔绝大脑，这个虚拟世界很可能就设定在2011年[1]左右，但实际上我们也许是2199年的缸中之脑。让你觉得自己生活在21世纪初，或许恰恰就是整个治疗计划的一部分，或许2199年的世界环境恶劣，令人沮丧，因此虚拟的2011年的世界会让你感觉更好。

你或许会认为这种虚拟世界是不可能实现的。毕竟，为了尽可能真实，模拟器仅仅向缸中之脑呈现一个不变的世界（把大脑当作电影的观众）是不够的，它还需呈现一个可以和大脑互动的世界，大脑可以通过决策对虚拟世界产生影响（类似让大脑玩电子游戏）。因此，如果你在虚拟的世界中散步时，忽然决定打开街边房子的一扇门，那么模拟器就应当立即创造出你将在房子里看到、听到、闻到或是品尝到的东西。建构如此大量的虚拟现实物，并实时地将其输入大脑，这是极为艰巨的任务，它不仅超出了人类现有的技术水平，而且即便是未来的文明也未必能实现。

但不幸的是，上述说法并不能令人信服地反驳缸中之脑的可能性。因为，首先，缸中之脑有可能存在于遥远的未来，那时候的科技可能极为发达，以致相形之下，21世纪的科技显得

1　本书英文版出版于2011年。——编者注

像来自石器时代。那时候的电脑可能早已经能够处理“组合数目爆炸”的问题，从而能根据大脑的任何选择虚拟出相应的场景。其次，我们或许并不需要如此巨大的计算资源。我们的大脑虽然颇为复杂，但其自身的计算能力并没有那么巨大。科学家估计人类大脑的浮点计算能力在每秒100万亿次到10万万亿次之间。而第一台达到每秒100万亿次浮点计算能力的超级计算机“紫色”（ASCI Purple）早在2005年就已经问世了。目前（截至2011年）最快的超级计算机“美洲虎”（Cray Jaguar）每秒可以进行1750万亿次计算。根据摩尔定律，电脑的计算能力每两年翻一番，如果该定律仍然有效，我们只要十年多一点就将达到每秒10万万亿次的计算能力。这样的电脑将拥有足够多的计算资源来进行逼真的虚拟，原因很简单，因为它的计算能力已经能与造成我们梦境的大脑相比拟，而且对我们的大脑而言，“实时”虚拟似乎不是大问题，其中的困难并非不可克服。

我们有什么方法来打消这种令人不安的缸中之脑的怀疑吗？如果这个怀疑为真，它真的会令我们寝食难安。我们怎么知道操控大脑的科学家有怎样的道德标准呢？他们会以我们的利益为第一要务吗？如果不会，我们怎么知道模拟器不会突然变得不自洽（比如由于程序的某个故障），甚至变得邪恶（比如某个邪恶的科学家将我们的大脑置于他最喜欢的恐怖电影之中）？事实上，我们甚至不知道缸中之脑是否由科学家所操纵。可能根本没有科学家，缸中之脑可能是由巨型计算机控制的，地点也可以是宇宙的任何地方。

但这个想法似乎有些问题。信念指称引发它的原因。如果我想到自己面前有一根香蕉，这意味着从我心中的这个想法到这根香蕉之间存在着一个因果链条，链条的环节依次包括：我大脑中的神经元活动、我眼睛视网膜上的光感受器的激发、从香蕉上反射的光波等。如果这样的因果链条不存在，那么指称关系也不存在，即便在某种情况下它看起来像是还存在。如果我在日记中写下“Joe”这个名字，以便提醒自己别忘了给Joe寄生日卡，那么“Joe”这个词指称的就是Joe本人。因为就如同前述香蕉的例子一样，从日记上的“Joe”这个词到Joe本人之间，存在着一个因果链条。而如果一盒拼词字母牌被我不小心弄掉在了地上，其中三个字母牌落地时碰巧组成了“JOE”这个词，那么它并不能指称我的朋友Joe。

1923年，牛津大学基督教堂的主任牧师、爱丽丝（刘易斯·卡罗尔《爱丽丝梦游仙境》的原型）的父亲亨利·里德尔（Henry Liddell）的脸神奇地出现在了教堂还没干的泥灰墙上，正好位于纪念里德尔的那个壁龛的下方。虽然似乎没有留下现场的照片，但当时的报道都言之凿凿：“墙上清晰地出现了主任牧师的下巴、鼻子和头，还有光秃的头顶和卷曲的头发。”鉴于墙上出现的脸与死去的主任牧师本人之间并不存在因果链条（就如同字母牌拼出的“JOE”与Joe本人之间没有什么关联那样），因此墙上的脸并不指称亨利·里德尔本人，尽管它看起来像是如此。

现在假定，某些缸中之脑的模拟器让大脑感觉到自己正站在泰姬陵前面。那么这里的“泰姬陵”观念的指称是什么呢？显然不是那座建筑物本身，因为在缸中之脑的世界，泰姬陵并不存在（那个世界只有缸中之脑和用于模拟的计算机）。假定信念指称的是产生这些信念的原因，并且假定这个大脑的信念是由电脑模拟器中的一系列代码所引发的，那么该大脑中的“泰姬陵”观念指称的就是某些计算机代码！这会导致令人颇为吃惊的后果，即缸中之脑的大多数信念其实都是真的。如果该大脑相信泰姬陵是由沙·贾汗[1]建造的，它其实相信的是：

1　沙·贾汗（Shah Jahan，1592—1666），印度莫卧儿帝国的皇帝，1628年至1658年在位，在位期间，为他最喜爱的妻子慕塔芝·玛哈修筑了举世闻名的泰姬陵。——译者注

RIDAY, SEPTEMBER 14, 1923.

DEAD FACE OF DEPARTED DEAN SHOW ON WALL

PROFILE OF FAMOUS OXFORD DEAN APPEARS UNDER THE MEMORIAL WINDOW

TWO SOLUTIONS OFFERED

FACE HAS GRADUALLY BEEN TAKING FORM FOR THE LAST TWO YEARS

OXFORD, Eng.—The face of Dean Liddell, who died more than twenty-five years ago, is gradually appearing on the east wall of Christ Church Cathedral, Oxford.

The mortar and cement in the wall are drying up with age in such a way as to leave a white patch of cement, the size of a man's head, standing out from the darker color of the wall.

This patch has now assumed the exact face and features of the famous dean. The face appears in profile. The chin, nose and head of the dean, with the bald crown on the head and the curly white hair below it, are clearly formed on the wall. It is expected that as the mortar and cement continue to dry up the face will disappear.

The phenomenon appears all the more strange because it has appeared just below the memorial window which was set up to the dean. The head in the wall is facing towards his wife's tablet, which is engraved in Latin, "Farewell, sweetest and dearest, farewell."

W. Francis, the dean's verger at Christ Church Cathedral, is keenly interested. "One does not like to put this down to anything occult," he said, "but the appearance of the dean's face by his wife's memorial tablet is certainly an extraordinary matter. It has been gradually appearing for the last two years."

Two explanations of the phenomenon have been offered. The first is the easy solution of coincidence. Damp stains coming through the plaster of the wall have formed the head and facial outline of the dean, say the people who hold this theory, but it is remarkable that the stains should trace the portrait of Dean Liddell on the wall immediately below a window dedicated to his memory.

The other explanation is that of super-normal influence. This can only be investigated properly by the Psychical Research Society. Many Oxford people believe in this explanation.

Dean Liddell was the father of the "Alice" for whom Lewis Carroll's "Alice of Wonderland" was thought out in the dean's garden, a few yards away from the cathedral.

A hot spring—jumping from the frying pan into the fire.

图3 《道森每日新闻报》上关于里德尔主任牧师的头像神秘地出现在牛津大学基督教堂墙上的报道

泰姬陵（一段计算机代码）与沙·贾汗（另一段计算机代码）之间存在特定的关联——就是这样，因为它们在模拟程序的代码中以这种方式相联系。类似地，在同样的虚拟场景中，虽然缸中之脑会认为“我正站在泰姬陵前面”，虽然真实的泰姬陵并不存在，我们此时也不能说大脑被骗了。因为尽管在缸中之脑的世界中，我们的“身体”观念或“泰姬陵”观念并不指称任何东西，但缸中之脑的这些观念却是有指称的。引发我们的泰姬陵观念的东西并不存在于缸中之脑的世界，但引发缸中之脑的观念的东西——也就是这些观念的指称——在那个世界却是存在的。

为了区分起见，不妨用**粗体**来表示缸中之脑的观念所指称的东西（例如一段计算机代码），这样我们就可以说：我们的泰姬陵观念指称的是泰姬陵，而它们的泰姬陵观念指称的是**泰姬陵**。

现在假定你正是前面描述的缸中之脑。如果你是虚拟场景中的大脑，那么你的“大脑”观念指称的并不是大脑（而是**大脑**），你的“虚拟”观念指称的也不是虚拟（而是**虚拟**）。但如果你“自己是虚拟场景中的大脑”这个观念并不指称大脑，那么这个信念就是假的，就如同“雪怪是素食者”这句话如果无法指称雪怪（例如，倘若雪怪不存在），那么它就是假的。因此，如果你是虚拟场景中的大脑，那么你关于“自己是虚拟场景中的大脑”这个信念就是假的。

一定是什么地方出了问题。显然，如果你是虚拟场景中的大脑，你关于自己是虚拟场景中的大脑的信念就应当为真。同理，你如果比自己实际重量重了一倍，那么你自己超重的信念就应当为真。但实际情况却恰恰相反。

问题似乎在于：真实世界中的我们与缸中之脑在语词、观念和信念上都是彼此高度隔绝的。我们谈话中的语词指称着引发我们的观念的原因，它们谈话中的**语词**则指称着引发它们的观念的原因。我们是否可能进入它们的世界？问这个问题意味着我们应当使用一种能够同时涵盖这两个世界的语言，也就是说，这种语言中既有被鞋子、轮船、热封蜡等东西引发的观念，也包含了被**鞋子**、**轮船**、**热封蜡**等东西引发的观念。但如果能使用这种语言，那我们就不可能位于那个缸中之脑和巨型计算机的世界，因为**鞋子**、**轮船**、**热封蜡**等东西不可能对那个世界有任何因果上的影响——它们根本不存在于那个世界。既然如此，我们要问的是：“既然我们甚至都无法融贯地描述自己有可能是缸中之脑这件事，那又为什么要担心它呢？”

不幸的是，上面这番论述也没能彻底反驳我们是缸中之脑的可能性。上述论证还存在不少难点。诚然，我无法使用那些没有指称的语词，但我可以通过有指称的词来谈论不存在的东西。即便雪怪并不存在，我也能很好地谈论雪怪，因为我可以把“雪怪”一词定义为“生活在喜马拉雅山脉中的类似猿猴的巨大生物”。这个定义中的所有词项都有指称，但它们放在一起却未必要指称某个东西。同理，我和那个缸中之脑为什么就不能在各自的语言中用有指称的语词来谈论在各自的世界中并不真实存在的东西呢？例如缸中之脑可以谈论真实的树木，我也可以谈论那些在缸中之脑中引发高度逼真细致的树木印象的程序代码。至少，上述论证并没有表明这样做行不通。

不过一个更大的困难还在于：即便上述论证是成功的，它也仅仅反驳了一种特定的情形。即便假定我们无法融贯地描述缸中之脑的世界，这也并不意味着我们无法描述另一些与此紧密相关的场景。假设一个邪恶的科学家昨晚把你的大脑移出了你的身体，并用高科技设备维持着你大脑的生命，然后他在你的大脑中虚拟了和你此时此刻的经验一模一样的经验（也就是你阅读这句话时的经验）。需要注意的是，在这种情形下，你的观念并不会像之前的例子中那样突然改变指称。诚然，你看到泰姬陵的经验如今是由维生设备中的一段计算机代码引发的，但你仍然位于一个存在泰姬陵的世界，因此引发你的这个经验的因果链条可以从计算机代码进一步回溯到编写这段代码的程序员，接着再回溯到这名程序员在写程序时看过的泰姬陵照片，然后再到拍这张照片的摄影师，最后回溯到泰姬陵这座建筑。因此，你的泰姬陵的观念仍然指称真实的泰姬陵，而非**泰姬陵**。一个普通人的观念、信念和语词并没有与这个大脑隔绝开来。严格地说，我们不能认为对这一场景的描述是不融贯的。因而我们或许可以提出这样一个合理的疑问：既然存在如此多不同的、确实可能出现的场景（例如“邪恶的女科学家移除了所有男性的大脑”或“外星人移除了所有人类的大脑”……），那么一个仅能排除掉“只由缸中之脑和计算机组成的世界”之可能性的论证又有什么特别的好处呢？

最后需要指出，前述论证得出的结论仅仅是：“只由缸中之脑和计算机组成的世界”这个场景无法被融贯地加以描述。但这并不意味着这个场景不可能存在。我们或许可以这样理解：该论证表明了我可能存在于某些情境中，但我缺乏足够的概念资源来描述它们。就如同拉姆斯菲尔德所说的那种可怕的“未知的未知”[1]，这些可能性就在那里，而且我或许就置身其中，但我无法清晰地理解它并评估其可能性的大小。这个论证非但无法减轻我们关于缸中之脑可能性的担忧，而且实际上还把事情弄得更糟，因为我们现在不仅担忧这些令人不安的可能性，而且还担忧自己甚至都不可能思考这种可能性。

或许我们会认为，无论是自己此刻在做梦的可能性，还是自己是缸中之脑的可能性，或者其他任何我们想象出的古怪可能性，它们都无法撼动这样一个真理，即你是经验着这一切的人，你作为一个经验主体是真实的。你纵使会在许多方面弄错自己是谁（你可能弄错自己的年龄、性别，甚至不知道自己是否有身体），但倘若连幻觉的主体也没有的话，幻觉本身也就不存在了。这种主体虽然单薄，但它仍然是存在着的事物。事实上，笛卡儿就认为，怀疑自身存在的怀疑者自身存在的确定性，就足以作为其整个哲学体系的基础。因为倘若连怀疑的人

1　2002年，美国以伊拉克政府拥有大规模杀伤性武器并支援恐怖分子为由，打算与其开战。同年2月12日，时任美国国防部部长的拉姆斯菲尔德被问及有关的证据时解释说：“据我们所知，有‘已知的已知’，有些事，我们知道我们知道；我们也知道，有‘已知的未知’，也就是说，有些事，我们现在知道我们不知道。但是，同样存在‘未知的未知’，有些事，我们不知道我们不知道。”——译者注

都没有，也就不存在任何怀疑了。但不幸的是，一些有意思的论证表明：就如同外部世界之存在的确定性一样，我们自身之存在的确定性也可能是一场幻觉。

《环形废墟》

在短篇小说《环形废墟》（*The Circular Ruins*）中，博尔赫斯描写了一个可能来自巴克特里亚的魔法师，他在梦中创生了一个青年。火神帮助他赋予被造的青年以灵魂，并且使这个鬼魅不被火焰所伤。以下是故事的结尾：

过了一段时期（某些叙说故事的人计算这段时期时以年为单位，另一些人则以十年为单位），两个划船的人半夜里叫醒了他：他看不清他们的脸，但听到他们说，北方一个庙宇里有个会魔法的人，踩在火上不会被火烧伤。魔法师突然想起神祇的话，他想起世上万物唯有火神知道他的儿子是个幻影。这件事起初给了他安慰，后来却让他烦恼不已。他担心儿子想到那个异乎寻常的特点，发现自己只是一个幻影。不是人，而是另一个人梦的投影，那该有多么沮丧，多么困惑！身为人父的人都关心他们在迷惘或者幸福时刻生育的子女；魔法师花了一千零一个秘密的夜晚，零零星星揣摩出来的那个儿子的前途，当然使他牵肠挂肚。他思索的结局来得十分突然，但并不是没有先兆可循。首先（经过长期干旱之后），一片云彩像鸟一般轻灵地飘到远处小山顶上；接着，南方的天空成了豹子牙床似的粉红色；然后，烟雾在夜间锈蚀了金属；最后，禽兽惊恐地四散奔逃。几百年前发生过的事情又重演了。火神庙宇的废墟再次遭到火焚。在一个飞鸟绝迹的黎明，魔法师看到大火朝断垣残壁中央卷去。刹那间，他想跳进水里躲避，随即又想到死亡是来结束他的晚年，替他解脱辛劳的。他朝火焰走去。火焰没有吞噬他的皮肉，而是不烫不灼地抚慰他，淹没了他。欣慰、羞惭、惊恐，此刻他才知道自己也是一个幻影，另一个人梦中的幻影。

众所周知，我们在梦中经验的自我与我们醒着时候的自我有着非常不同的属性。梦中的自我无法获得醒着时候的许多记忆，它通常也具有完全不同的一系列情感（往往有更多负面情感），它还可能拥有不同的身体，甚至是不同性别的身体。考虑到这些显著的差异，有可能出现这样的梦：梦中的主人公并不是你，但他所经历的恰恰是你的梦。梦的主角不是你，而是一个梦中的人物，但与一般的梦中人物不同的是，整个梦是以此人的视角来叙事的，他的整个内在生命对你是透明的。这就如同“你”正位于某个正在做梦的约翰·马尔科维奇脑中，但你无法获取“你的”记忆、信念和欲望。相反，你只有这个梦中人物的记忆、信念和欲望。如果这个角色问自己是醒着还是在梦中，显然这两个选项都不正确。他只是被别人梦到的，一旦做梦者醒来，他就会立即消失。

我们有可能是他人梦中的人物吗？这种可能性正是唯我论的镜像：它不是主张只有我自己才是真实的，其他一切都不真实（因为它们只存在于我心中），相反，它主张一切其他事物皆为真，只有我自己不真实。你可能会觉得这个主张太过虚幻。我们自身的存在难道不是我们所知道的最确定无疑的事吗？如果我们只是梦中的人物，那么梦到我们的又是谁呢？是上帝还是恶魔，又或者是某些不可名状的存在物？

幸运的是，我们有一个办法可以解释这种反唯我论，而且无须诉诸关于上帝、精灵或其他神秘行动者的信仰。问题的关键在于“模拟”（simulation）这个概念。模拟使我们能够建立极为简单的世界模型来测试我们的理论，就如同关于气象变化、病毒传播、人口动力学、基本粒子运动、交通拥堵等方面的理论一样。

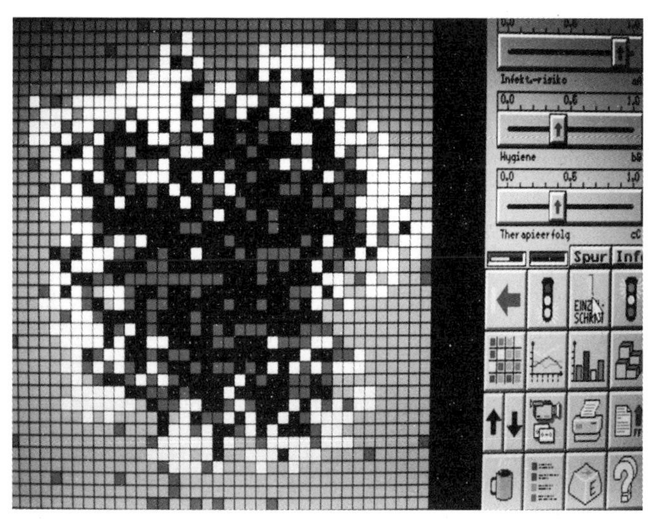

图4　在细胞自动机上模拟传染病的传播。黑色的网格表示死细胞，深灰色的表示染病细胞，白色的是对疾病免疫的细胞。人们可以通过右手边的菜单调整参数，例如疾病的传染性等

通常，模拟只能反映被模拟对象的一小部分特征，而不涉及其他大多数特征。例如，对城镇特定区域交通状况的模拟旨在研究交通堵塞的原因，因此我们用不同颜色的小点来表征车辆，但它并不模拟汽车发动机的工作。这并不是问题，因为模拟只需表征世界中我们感兴趣的那些方面。此外，我们的模拟越是详细，越是涉及分子、原子和亚原子粒子的层面，我们借助当前计算机技术所能模拟的规模和范围也就越小。如果我们的计算资源按预期的速度（或者更快）增长，那么不久的将来我们就能克服这个瓶颈。在科技高度发达的未来，我们的后代或许能够对像地球这样尺度的物理系统进行模拟，并在原子层面表征其中的一切细节。

在细胞自动机上模拟传染病

什么是细胞自动机（cellular automaton）？你可以把它想象成一系列方形网格，就像坐标纸上的那种。其中每个网格（细胞）都有“满”（活着）和“空”（死亡）两种状态。假定活着的和死亡的细胞在整个网格中随机分布，这些细胞按照一定的规则演变，每个细胞（网格四周的细胞除外）都有八个相邻细胞：水平和竖直方向各两个，对角方向四个。比如其中一条规则可以规定：如果任何细胞相邻的活细胞超过三个，该细胞就会因过于拥挤而死亡。另一条规则是：如果任何细胞相邻的活细胞少于两个，它就会因孤独而死亡。然后我们就可以对网格上任何随机分布的活细胞和死细胞施加这两条规则：所有那些相邻的活细胞数目大于三个或小于两个的细胞的状态是“空”，所有其他细胞的状态就是“满”。我们当然可以用坐标纸、铅笔和橡皮来绘制它们，不过这个过程让计算机来做要快得多。每一轮实施规则都可以视作这个模型世界里时钟的一次跳动。随着计算机在网格中一轮一轮地实施规则，我们可以看到模型世界的演变以及由此形成的各种图案。

形成怎样的图案取决于我们在网格状态的变化中（也就是在时钟的每次跳动之间）实施怎样的转

化规则。如果想要研究传染病的传播，我们就可以假设某些细胞生了病：它们携带着疾病。例如我们可以规定：如果任何健康细胞有一个染病的相邻细胞，该细胞就有一定的概率染病。如果这个概率是0.5，这就意味着所有带有一个相邻染病细胞的健康细胞中，有一半将会在下一刻染病。这个概率与疾病的传染性（也就是使人染病的容易程度）相对应。另一个规则规定了染病细胞能存活的时间，换言之，就是它从染病到死亡之间，时钟跳动了几次。这个指标对应于疾病的致命性——也就是它杀死细胞的速度。通过改变这些规则，我们就可以在模型世界中观察疾病的传染性和致命性的变化情况。例如，我们可以看到，致死性很高的疾病无法快速传播，因为宿主在死亡之前无法走得很远。

一个有意思的问题是：如果掌握了这种技术，我们会模拟什么？我们首先会想到的就是人类自己的历史。我们常常会想，假如历史的某些关键的细节有些许不同，世界会变得怎样？如果在1914年6月28日那天，弗兰茨·斐迪南大公[1]的司机没有在萨拉热窝街头拐错弯，世界会怎样？如果1928年9月28日，亚历山大·弗莱明[2]把那个污染的培养皿丢掉了呢？如果1876年，阿洛伊斯·施克尔格鲁伯[3]没有把姓改成“希特勒”呢？虽然我们无法回答这些问题，但我们的后人或许能够给出答案。比如，他们只需在大型计算机上对1875年到1945年之间的一切事件进行模拟，并在其中改变一个小细节，再观察是否会有几百万德国人高呼“嘿！施克尔格鲁伯”。通过类似的模拟，我们的后人还能知道假如没有爆发第一次世界大战，

1　弗兰茨·斐迪南大公（1863—1914），奥匈帝国皇位继承人。1914年6月28日，斐迪南大公夫妇视察奥匈帝国波黑省的首府萨拉热窝时，被塞尔维亚民族主义者普林西普刺杀身亡。之后，“萨拉热窝事件”成为第一次世界大战的导火线。

2　亚历山大·弗莱明（1881—1955），英国细菌学家、生物化学家、微生物学家。1928年，弗莱明偶然发现实验室的培养皿中长出了一块霉菌，他没有随手扔掉“被污染”的培养皿，而是对这块霉菌进行了观察、试验，最终发现了青霉素。

3　阿洛伊斯·施克尔格鲁伯（1837—1903），后改名为阿洛伊斯·希特勒，是纳粹德国元首阿道夫·希特勒（1889—1945）的父亲。由于阿洛伊斯是私生子，无法证明自己的“雅利安血统”，1876年，他说服当局承认已故的继父约翰·格奥尔格·希德勒是他的生父，并修改了姓氏，但当局不知为何将“希德勒”拼写为“希特勒”。后来，阿洛伊斯的儿子阿道夫·希特勒以雅利安人自居，宣称雅利安人是世界上最优等的民族，并大肆残害犹太人。

假如没有青霉素，世界将会怎样。

但这样一来就出现了令人不安的可能性：我们自身可能就存在于这样的模拟之中。或许1950年到2050年之间的事件其实并没有像我们记忆中的那样发生。或许1950年真正发生的事件的某个关键细节（我们不知道是什么）在模拟中已经被改变，因而世界在那之后的发展出现了很大变化。最初一次1950年到2050年的模拟中，我们这些人或许都不会出生，那样的话，我们就完全是模拟的产物。就像博尔赫斯小说中的魔法师，我们只存在于他人的梦中。

“但这不可能是真的。”我们或许会想，“例如，我们知道电脑游戏中的人物是没有意识的，而我们是有意识的。因此，我们不可能是电脑游戏中的角色，也不可能是历史模拟程序中的人物，因为后者只不过是一种特别复杂的电脑游戏。世界不会在劳拉・克劳馥[1]的视角中呈现，却可以在我们的视角中呈现。因此我们不可能是劳拉那样的虚拟人物。”在此，有必要讨论一下为什么我们觉得劳拉・克劳馥没有意识。因为迄今（2011年）为止的电脑程序甚至都还无法模

1 劳拉・克劳馥（Lara Croft），著名电脑游戏《古墓丽影》（*Tomb Raider*）中的主人公。——译者注

拟一个优秀的业余围棋手[1]，更不用说模拟虚拟环境中的完整且有意识的心灵了。不过，如果问题仅仅在于缺乏足够的复杂性，那么它还是很好解决的。因为讨论预设了这样一个前提，即我们的后人拥有比我们先进得多的计算资源，例如他们有能力在分子层面模拟整个大脑。如果我们相信人类心灵就是大脑，那么在如此细节层面上的大脑模拟必然就是对心灵的模拟。这意味着这个被模拟的心灵拥有第一人称视角，换言之，世界可以向它呈现。

此外，这种模拟可能会走捷径。我们不需要模拟特别细小或特别遥远的事物，例如一滴雨水中的微生物或月球表面下一米深的岩石等。这些模拟只是在需要的时候用到，比如当我们把一滴水放到显微镜下观察，或者要在月球表面钻孔的时候。类似地，如果不去模拟一部分人物的大脑，就可以节约计算资源，那些未被模拟大脑的人物，看起来和其他人有相同的内部构造，但实际上他们并不比当代电脑游戏中的人物更复杂，他们是肤浅的虚拟机器人，仅仅是显得有意识，但实际上并没有心灵。这种削减计算成本的做法会导致噩梦般的场景：我们自

1　本书英文版出版于2011年。2016年至2017年，“阿尔法狗”人工智能机器人连续战胜了多位世界职业围棋高手。——编者注

身并不真实存在（因为我们仅仅是被模拟的东西），而且我们周遭的人都是僵尸（因为他们被模拟的只是外表）。

假定无需模拟世界上的每个分子，而只需模拟大多数事物的表面以及一定数量的大脑，那么运行这种历史模拟程序所需的计算资源在不久的将来就有可能具备。当然，或许在能够建造运行历史模拟的强大计算机之前，人类文明就已经自我毁灭了（可能毁于小行星撞击，毁于被基因改造过的致命病毒，或者毁于上升的海平面）。在这种情况下，我们显然不可能活在我们的后人运行的历史模拟中。另外，即便我们的后人有能力进行历史模拟，他们也未必会有兴趣这么做。他们可能觉得未必能够从中获得太多洞见，而且他们可能有理智上更具吸引力的追求目标（我们对此一无所知）。但如果运行历史模拟所需的计算资源并不是无法实现的天文数字，而是位于人类技术有可能掌握的范围之内，那么考虑到我们这个星球还有许多时日，以及人类理智兴趣的演变情况，我们这里讨论的前提并不是过分夸张的。

这种对祖先的历史模拟一旦开始，模拟中的人口数量很快就会超过1000亿（与地球上有史以来生活过的总人口数差不多）。在这种情形下，一个合理的结论就是：我们不大可能生活在历史模拟中。假设你的朋友给你展示一幅他刚买的达利的版画，根据专家的意见，市场上90%的这类版画都是赝品；假定你和你的朋友都缺乏分辨达利画作真伪的专业知识，因此可以合理地假定这幅画是赝品的概率是0.9。类似地，如果一切有意识的存在者中，有*n*%是被模拟的，并且假定你无法从你的视角分辨模拟与现实，那么你自己是模拟人的概率就是*n*%。［根据澳大利亚哲学家戴维·查默斯（David Chalmers）的估计，这个概率是0.2。从上述的思考看来，这个数字似乎是偏低的。］

当然，同样的论证也适用于我们的后代——他们自身也可能是被他们的后人模拟出来的。事实上，如果我们能够模拟其他人，我们应该会更相信自己也是被模拟的，因为我们已经知道了模拟是可行的。因此，我们那些运行着模拟程序的后代应该比我们更有可能发现自己也是被模拟的。可以想象一个等级的序列：我们是生活在自己后代所进行的历史模拟中的人物，而运行模拟的我们的后代，他们本身也是生活在另一群人所运行的历史模拟中的人物，以此类推，直至无穷。在这样的场景中，我们愈是往后追溯，模拟就愈复杂。在我们两个等级之上进行模拟的人，他们不仅要模拟整个世界（也就是我们后代生活的世界），而且要模拟后者所运行的模拟程序（其中包括我们自身）。作为运行模拟的人，我们必须近距离地观察他的创造物：如果被模拟的存在者本身又模拟和创造着其他存在者，这种模拟就会消耗掉我们所有的计算资源。唯一可行的选择就是关掉正在进行的模拟，连同其中的一系列多层次的模拟。不过，这或许会让我们停下来思考：如果有朝一日我们也开始运行这种祖先历史模拟，我们恰恰有可能促使我们的模拟者关掉总开关（如果我们真的这么做的话），因为这种模拟会带来过高的额外资源消耗。而如果我们就位于模拟等级的顶端，那么我们的模拟就有可能是压垮骆驼的最后一根稻草。因此，我们在运行自己的祖先模拟之前一定要三思。

上述的模拟场景带来的后果，与我们之前提到的系统性欺骗（例如梦境和被人工输入信息的缸中之脑的场景）的后果很类似：我们的大多数信念都是错的，道德行为的动机也失去了基础——如果我们只不过是廉价的模拟场景中的人物，周围的人都徒有外表而没有心灵。不过在上述的这些例子中，自我还是存在的，它构成了我在这些幻觉旋涡中的锚固点，然而在模拟的场景中，我们自身就和周遭模拟出来的事物一样不真实。在缸中之脑的场景中，我们之所以会感到不安，部分原因在于这种模拟有可能一下子就停止，那样我们就会忽然意识到真实的世界：我们虽然还存在，但置身于遥远未来的完全不同的环境中，我们没有身体，只是缸中的大脑。但在模拟的例子中，并不存在这种在真实世界里的“清醒”时刻，因为真实世界（也就是我们的后人生活着的世界）中并不包含我们。如果模拟程序骤然停止，我们不会忽然意识到周遭是虚假的，相反，我们自己都将不复存在。一方面，这种状况似乎会让我们感觉好些：至少我们不再是邪恶科学家实验室里的缸中之脑了。但另一方面，这会使我们产生奇怪的空虚感：我们周遭不再是真实的世界，因为我们本来就不是真实世界的一部分。那貌似最根本的确定性——在各种欺骗的场景中作为被欺骗者而仍然存在的“我”，也已经消失了。可以说，我们会随着这个欺骗的场景一起消失，因为我们恰恰是这种欺骗场景的一部分。

我们在最根本的真实性层面上并不存在，这个假说固然令人震惊，但仍然有进一步想象的空间。公元前4世纪的中国哲学家庄子，描述了一个著名的想法。他这样写道：

> 昔者庄周梦为胡蝶，栩栩然胡蝶也，自喻适志与！不知周也。俄然觉，则蘧蘧然周也。不知周之

梦为胡蝶与，胡蝶之梦为周与？周与胡蝶，则必有分矣。[1]

这个场景中，在梦中获得存在的事物不是一个，而是两个：庄周和蝴蝶。他们彼此存在于对方的梦中。在这种对称的

图5　描绘“庄周梦蝶”的中国画

1　出自《庄子·齐物论》，大意为：夜间庄周梦见自己变成蝴蝶，很生动逼真的一只蝴蝶，感到多么愉快和惬意啊！不知道自己原本是庄周。突然间醒过来，惊惶不定之间方知原来我是庄周。不知是庄周梦中变成蝴蝶呢，还是蝴蝶梦见自己变成庄周？庄周与蝴蝶必定是有区别的。

梦中，不仅“我”（作为被梦到的存在）是不真实的，因为梦到“我”的人才是真实的；而且真实与非真实事物的区分也被一下子消除了。庄周梦到了蝴蝶，所以庄周（作为做梦者）是真实的，而被梦到的蝴蝶就不真实。但由于蝴蝶也梦到了庄周，因此庄周（作为被梦到的人）就不应是真实的。然而一个事物不可能既真实又不真实。

在模拟的场景中，我们仍然可以确定：即便自己并不真实，至少存在着真实的人。我们作为被模拟的存在者，或许并不在最基本的真实性层级上，但那些模拟我们的人位于该层级。而如果后者也不真实，那至少模拟他们的人是真实的。无论如何，总有些人是真实的。但如果把庄子上面的想法转化成模拟场景，就会是这样的：我们在对某些存在者运行模拟程序，这些存在者同时也在模拟着另一些存在者——我们。在此，模拟的等级序列变成了一个闭合的回路。

在埃舍尔（M. C. Escher）的画作《画廊》中，我们可以看到对这种闭合回路的有趣描绘。画中，一个在逛画廊的年轻人正看着一幅港口和城镇的风景画。当我们仔细观看那幅画中的城镇时，可以看到其中一个坐在窗前的女子也正在看着年轻人，她的窗子就位于画廊上方！在庄周梦蝶的场景中，我们不

图6　埃舍尔的《画廊》

可能分辨自己是否处于梦境（或模拟场景），而这幅画则表明我们不可能确定自己是否在画中，也就是不可能确定自己是否真实存在。因为两个观点都有同样合理的理由：从年轻人的视角出发，我们看到他站在画前面；而从女子的视角出发，我们则看到年轻人显然位于画中。问题的关键不单在于我们不知道哪个视角是正确的。对我而言，这两个视角都不正确，因为我们缺乏额外的信息和事实作为判断事物真实与否的依据。虽然无法消除对周遭世界和我们自身真实性的怀疑，但我们总认为，无论世界是怎样的，无论我们自身真实与否，总有某些人或某些事物具有基本的真实性，然而现在看来，连这种确定性也岌岌可危了。

第二章
物质是真实的吗？

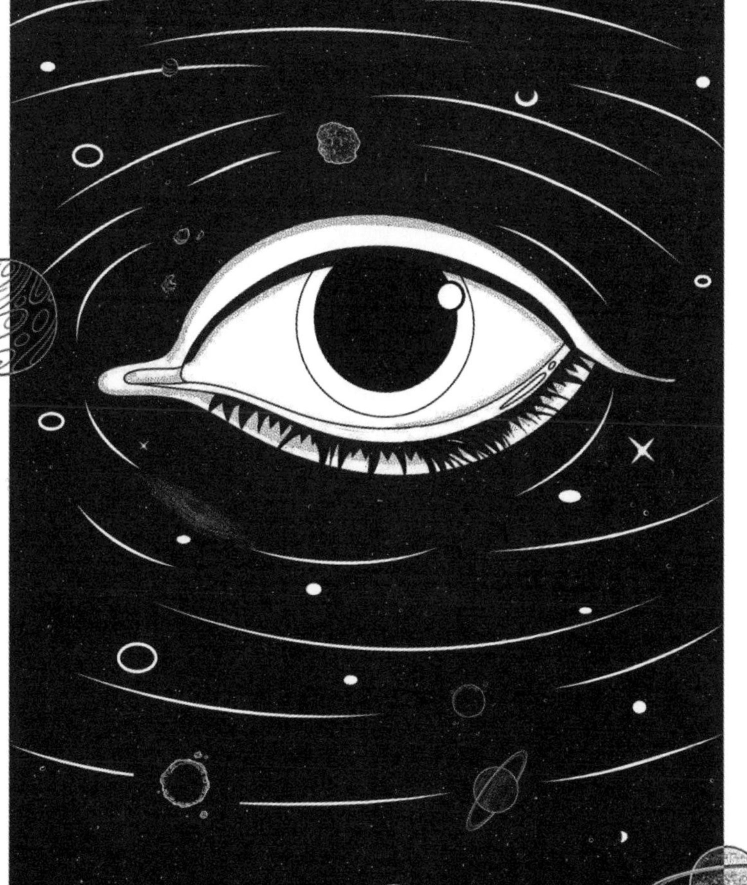

当尼奥（Neo）和墨菲斯（Morpheus）[1]在一个名为“建构物”的虚拟现实中第一次碰面时，墨菲斯道出了“真实”的定义：

> 什么是“真实”？你如何定义“真实”？如果你指的是那些我们可以尝到、闻到、听到和感觉到的东西，那么所谓的“真实”无非就是你大脑所解码的电信号。

1　尼奥和墨菲斯是美国科幻电影《黑客帝国》（*The Matrix*）中的人物。——译者注换言之，真实就是你的感觉所呈现的东西。不妨把这个定义称为黑客帝国定义，该定义有几个令人好奇的地方。一方面，电子、数字5、上一次经济衰退——这几个概念都无法尝到、闻到、听到和感觉到，但大多数人都会同意它们是真实的。另一方面，得了震颤性谵妄的醉酒者产生的虫子的幻觉、孩子幻想中的玩伴以及阿尔茨海默病患者的气味错觉，虽然这些都能被看到、听到和闻到，但它们并不真实。因此我们需要给出关于“真实”的更合适的定义。

仅仅在我的感觉中呈现，并不是事物真实性的充分证据。我们认为幻觉以及与之相关的现象都是不真实的，因为它们无法被除我之外的任何其他人看到、触摸到或者闻到。它们无法被没有幻觉之人的感觉所获得。因此，我们可以把“真实”定义为：任何在充分数量的观察者的感觉中呈现的东西。这个定义使我们能够把私人的图像幻觉和公共世界中的表象区分开来。事物真实性的关键，不在于它在某些时刻向某些人呈现，而在于它在大多数时刻向大多数人呈现。乔治·奥威尔在《1984》中，借助内层党成员奥布赖恩的笔记，表达了这种基于众多心灵协同运作的真实性观念的阴暗面：

> 告诉你吧，温斯顿，真实性并不是外在的，它只能存在于人的心中。而且不是个别人的心中，因为个人会犯错，也终有一死：它只能存在于党的心中，因为党是不朽的集体。

不妨把上述定义称为1984定义。虽然比黑客帝国定义更令人满意一些，但它也有不少问题。根据这个定义，不仅《1984》和《黑客帝国》这类作品中虚幻的反乌托邦场景会是真实的，而且处理一些不那么虚构的场景时，该定义也可能导致奇怪的后果。比如主要流行于东南亚的恐缩症（Koro），其症状是患者强烈地恐慌自己的生殖器会缩进体内并导致自己死亡。恐缩症曾有数次大规模暴发，据新加坡1967年的一次暴发记录，一天之中有多达97名病人被收治入院。恐慌的患者甚至会用夹子、钉子等工具阻止生殖器缩进体内，从而导致严重的身体损伤，这更增加了该疾病的危害。不消说，科学家没有观察到任何生殖器缩进体内的案例。恐缩症不是生理疾病，而是精神疾病。然而根据上述的1984定义，只要足够多的人相信生殖器会缩进体内，那么它就是真实的。幻觉以及孩子的幻想伙伴等例子在真实性上的困难，不在于它们错误地反映了世界，而在于它们居于少数。只要有足够多的人持有虚假的信念，那么无论该信念说了什么，它在很大程度上就都是真实的。

因此我们最好能给出比这种主体间的认同更具实质性的关于“真实”的定义。辞典编纂家塞缪尔·约翰逊[1]的以下这段逸事，为我们指出了寻找的方向：

> 走出教堂后，我们站着聊了一会儿，谈到贝克莱主教关于事物不存在以及世间一切都只是观念的天才而高深的论证。我告诉约翰逊，尽管贝克莱的学说显然不是真的，但它不可能被反驳。约翰逊对此的回答令我终生难忘：他用力踢一块大石头，身体由于反作用力而往后退，他边踢边说：“这就是我的反驳。”

在约翰逊看来，物体具有的反作用力是真实性的标志。我可以想象面前有一张椅子，我的想象可以充满细节：椅子的形状、颜色和表面质感等，从而在心中呈现出一幅非常生动的画

1 塞缪尔·约翰逊（Samuel Johnson，1709—1784），常被称为约翰逊博士（Dr. Johnson），英国文学评论家、诗人、散文家、传记家。他花了近九年时间编出《英语字典》（*A Dictionary of the English Language*），为他赢得了声誉及“博士”的头衔。——译者注

面。但如果我试图坐到这张想象的椅子上去，我就会一屁股坐空，而真实的椅子则能够支撑我的身体。在这个语境中，“反作用力”指的不是不可穿透性，而是真实事物那种不愿被我们的意志和欲望所影响的性质。正如菲利普·迪克[1]所说：真实的东西就是当你不再相信它时，它却仍然存在的东西。

一旦你的孩子不再相信想象中的玩伴，那个玩伴就消失了。如果你不再想象那张椅子，它也就不再存在。因此与通常的玩伴和椅子不同，上述两者是不真实的。不妨把这种以“不被我们编造”为标准的定义称为约翰逊定义。尽管该定义合乎常识，也很有实用价值，但它还是会导致一些奇怪的后果。通常，我们会认为股票市场是真实的，而梦境不真实，但根据约翰逊定义，我们会得出相反的结论。一方面，我们并不编造自己的梦，因为我们没法儿决定自己会梦到什么（可以问一问那些深受噩梦困扰的人），而且梦境对我们的意志和欲望也有相当的反作用力。如果你在梦中要错过火车，你梦中的火车往往不会因为你想赶上火车而延迟五分钟，它在梦中会准时发车，

1　菲利普·K. 迪克（Philip K. Dick，1928—1982），美国科幻小说家，赛博朋克类型作品的先驱，代表作有《高堡奇人》《流吧！我的眼泪》等。——译者注

你注定要错过它。另一方面，股票市场是人类集体编造出来的东西。如果我们每个人都不再相信股票市场，也就是都停止买卖股票，那么股价和股票指数的波动等也就不可能存在——就像被孩子遗忘了的假想玩伴那样。

不过，我们或许可以避免约翰逊定义带来的问题。毕竟梦境和股票市场都是人的心灵所创造的东西。想象一个没有人或者没有心灵的世界，我们难道不会把还存留在那个世界中的一切称为真实的吗？如果没有具备意识的心灵，我们的世界会怎样？月球仍然绕着地球转，地球仍然绕着太阳转，电子仍然在原子核周围运动。那个世界没有颜色，有的只是不同波长的光；那里没有气味，有的只是悬浮在空气中的分子；那里也没有故事，有的只是印在纸上的符号。这种观念把真实理解为一切存留在无人世界中的东西，我们将其称为真实性的末日定义。这个定义使得真实事物的集合变得相当精炼（比如世界经济、语言、战争等都不是真实的），因此它是我们目前为止给出的最稳固的定义。该定义把真实等同于仍然还存留的东西，等同于一个既没有人类心灵，也失去了一切愿望、欲求和牵挂的世界。

不过我们还可以把这个定义修改得更稳固一些。在《人类理解论》中，约翰·洛克提到了这样一位印度人：

> 他说世界是由一头大象支撑的，有人问他大象靠什么支撑，他回答说大象站在巨大的乌龟上。人们又问乌龟靠什么支撑，他说不知道。

当分析周遭世界中的事物时，我们每天打交道的东西——例如轮船、热封蜡等都由分子构成，而分子又由原子构成。每个原子可以分成微小的原子核与在其周围运动的电子。原子核又由质子和中子构成，它们还可以进一步分为各种亚原子粒子。所有这些似乎又都可以用“弦”加以解释，后者最终还可以被归结为“我们目前未知的”更基本实体。在这个等级序列中，每个层级都依赖于紧邻它的下一层级，因此可以认为，真实就是一个层级，其他层级依赖于它，但它不依赖于其他层级，换言之，真实就是那在最底下背负着世界的“乌龟”（无论它是什么），也就是整个宇宙的基础。我们把这种观点称为真实性的乌龟定义，它与末日定义的不同之处在于，它不认为无心世界中的所有事物都是真实的。例如，珠穆朗玛峰虽然不依赖于心灵，但它仍然依赖于构成它的极微小的物理对象。真实之物就是那个无法再推卸形而上学责任的地方，它是一切事物得以形成的坚实基础——从日常生活里中等大小的坚实物品，到分子、原子，再到亚原子粒子，直到那个尚未知晓的终点。

真实性的五个定义

黑客帝国定义：真实是我们的感受所呈现的东西。

1984定义：真实是向大多数人呈现的东西。

约翰逊定义：真实是不由我们编造的东西。

末日定义：真实是仍然还存留的东西。

乌龟定义：真实是无法再推卸责任的地方。

在目前给出的这五个定义中，最后两个定义把“真实”视作无论如何都存在的东西，或者是一切其他事物的基础，它们似乎是最为稳固、最有实质性的定义。因此当我们考察某些种类的对象真实与否的时候，这两个定义是我们应当记住的。接下来我们要开始查看一类最基本的东西的真实性，这类东西就是物质。在此我们要思考的一个关键问题就是：从最基础的层

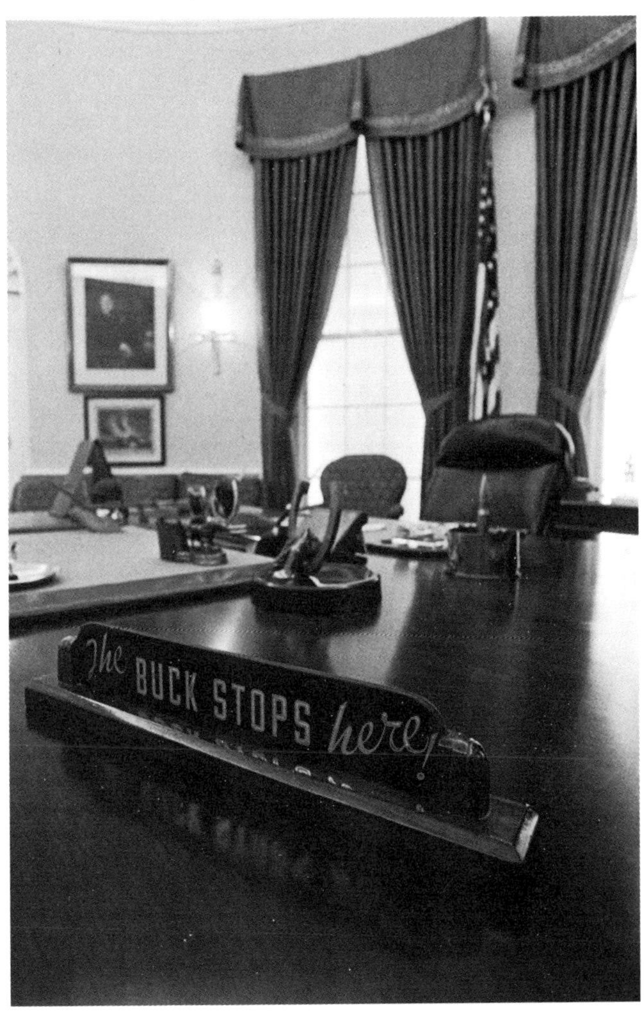

图7　哈里·杜鲁门总统办公桌前的铭牌，上面写着“这里不能再推卸责任！”

面来说，物质究竟是像一罐啫喱还是像一桶金属屑？换言之，如果我们把一个物质对象切成两半，把其中一半再切两半……以此类推，我们最终得到的，究竟是简单、连续、延展的，像啫喱那样可分却没有真正部分的对象呢，抑或是像金属碎屑那样的、无数极小且不延展的原子？

但当我们考虑两个大小不同的物体（比如两个橙子）时，啫喱的类比似乎就遇到了困难。从直觉上看，我们会说一个物体比另一个物体大，因为它由更多的部分构成。但如果物质像啫喱一样，那么构成它们的部分就都只是潜在意义上的：我们总是可以把手头的东西再次切成两半，但世界本身并非事先由分离的原子式的部分构成。在这种情形下，每个橙子都由无数的潜在部分构成。如果我们也假定这两个橙子的内部结构大致相同，那么我们就很难解释为什么一个橙子比另一个橙子大。

如果世界并不像啫喱，那么它是由无数极小件的物质构成的吗？从表面上看，这个理论似乎合理得多。当我们不断切分物体，我们最终会得到一些不可再分的东西。这些东西是构成一切事物的、最基本的原子。但不可分的原子如何能组成各种事物呢？这个问题并不像我们想象的那么简单明了。想象一个由三个原子组成的复合物：一个原子位于中间，左右两边各有一个原子。不妨把左边原子与中间原子接触的部分称为A，把中间原子与右边原子接触的部分称为B。那么A与B不可能是同一个东西，否则左边和右边的原子就会直接接触，而整个复合物就是由两个而非三个原子构成的了。但如果A和B并不同一，那么中间的原子就至少由A和B两个部分组成。这样一来，我们怎么能说原子没有组成部分呢？可见，与我们的假定相反，要么原子似乎也有组成部分，因此它们并不是真正意义上的原子；要么多个原子不可能比单个原子占据更多的空间，因此延展的物体不可能由原子构成。

正是由于谈论物质本质时的上述困难，公元4世纪的古印度哲学家世亲（Vasubandhu）得出结论认为物质并不存在。在世亲看来，所有的存在物都是精神性的，我们通常视为物质的东西其实仅仅是被认错了的精神对象。物质只具有像《黑客帝国》或《1984》那种弱意义上的真实性，它们没有任何实质性的存在。

但这种困难究竟有多棘手？当代西方科学显然接受了“无数金属屑”似的物质理论。那么我们如何理解科学家所假定的原子呢？我们或许能这样回答世亲的批评：存在占据空间的原子，而且原子本身没有组成部分。我们可以想象每个原子都被

图8　印度哲学家世亲（公元4世纪）

某种斥力场所环绕，因此没有任何东西能够进入原子内部。虽然力场围绕着的原子并不延展，但力场本身能够占据空间，从而阻止不同的物体在同一时间占据相同的空间。此外，与经典物理学的概念不同，我们还可以把原子想象为一种点粒子，它有非零的概率占据特定空间内的每一个点。

然而，我们尚不清楚上述解释能否合理地刻画占据空间的物质。如果考察这个特定空间里的各个部分，我们会注意到它们并没有被占据：我们找到的要么只是一个非延展的原子（按照“非延展”的定义，它无法占据空间），要么是一个力场（该力场以否定的方式定义，即阻止任何事物占据其所在的空间），要么就是某个东西占据某个点的可能性。因此，我们最后得到的只是物质占据空间的表象，而实际上却没有真正占据空间的东西。因此，用这种方式反驳世亲的观点是否行得通，仍然是个备受争论的话题。

世亲之后又过了很久，英国哲学家乔治·贝克莱（George Berkeley，1685—1753）也否定了物质的真实性，不过他所依据的理由与世亲不同。贝克莱指出，我们从来都没有和物质有过任何直接接触：当拿起一个橙子，剥开皮，品尝和闻它的时候，我们亲身感知到一系列不同的属性——圆的形状、黄中带红的颜色、一种甜的柠檬味等。作为物质对象的橙子的存在是我们基于这些感知而假定的。但我们永远无法脱离自身的心灵去核查外部是否真的存在引发我们感知的物体。因此，在我们与世界的相互关系中，物质这个观念似乎没起什么作用。归根结底，一切理论涉及的都只是我们的感知，而感知并不是物质本身。故而与我们直接打交道的东西都是精神性的，因为物质世界（如果存在的话）本身是完全无法通达的。即便完全摒弃物质的观念，并代之以关于感知的论述，我们所从事的一切科学仍然毫发无损。此外，贝克莱还论证说：物质不仅超过了我们所能把握的界限，而且无论在日常生活还是在自然科学研究中，假定物质存在对我们解释任何事物都毫无帮助。我们可以解释光波如何从橙子表面反射到我们眼睛，如何刺激视网膜上的感光细胞，它引发的神经信号如何从视神经传输到大脑，大脑皮层又如何处理这些信号；但对这整个过程的叙述都无法解释对橙子的感知（作为心灵过程）来自何处。对物质的探讨只能带来更多的对物质的探讨，而无法解释感知——那是我们唯一直接接触的东西。因此，物质的真实性只是一个可有可无的假说。

需要注意的是，虽然世亲和贝克莱都否认物质的真实性，但他们并不否认物质是向我们（或者说大多数人）呈现的。他们所否认的是末日定义和乌龟定义层面的真实性，也就是说，他们认为：一个没有心灵的世界不存在物质，并且物质并不是世界上最基础的东西。（世亲和贝克莱或许也不认为物质具有约翰逊定义层面的那种真实性。对他们而言，如果排除了关于物质对象的错误信念，物质也就不存在了。因此，物质是我们集体编造出来的东西。）

世亲和贝克莱的论证在哲学史上固然占据了重要的地位，但当代一些最迷人的关于物质真实性的观念并不来自纯粹的哲学反思，而是源于一系列相对简单的物理学实验。科学家们在试图解释这些实验的同时，也引发了一些古怪且特别违反直觉的关于周遭世界的理论。

在这些实验中，有一个实验特别简单，实验装置在家里也能实现。你只需要一盏灯、若干片带着依次减小的孔洞的硬纸板以及某种投影屏幕（例如一面白墙）。当把一片硬纸板放在灯和墙之间，你会看到光线穿过纸板上的小孔投在墙上形成的亮斑。接着依次换上孔洞越来越小的纸板，你会看到墙上的光斑面积也越来越小。然而，一旦纸板上的孔小到一定尺寸，墙上的光斑就会从原先的小点变成一系列黑白相间的同心圆，就如同射箭的靶子一样。如果在铝箔上扎出极小的孔（直径约0.1毫米），然后从这个小孔中向着光源看去，你就可以清楚地观察到所谓的“艾里斑”（Airy pattern）。艾里斑反映了波穿过孔洞时的特征，无论是声波、水波，还是其他波，都具有这种特征。就其本身而言，艾里斑并不太令人吃惊。毕竟，我们早已知道光是一种波，因此它会表现出波的特性。

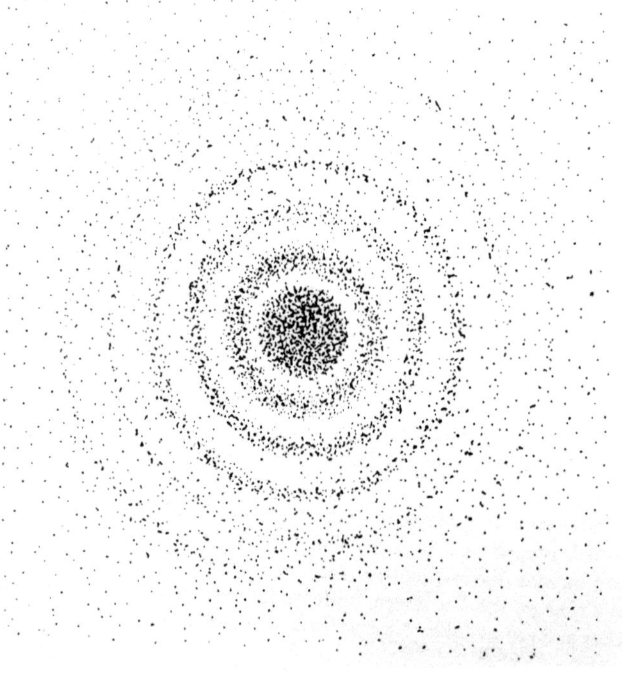

图9　艾里斑

不过，如果把实验装置稍微修改一下，你想想会发生什么。我们这次用的不是灯，而是能射出电子的设备（就像旧电视里的显像管），我们的投影屏也不是墙面，而是涂了磷光剂的玻璃板。磷光剂被电子击中时会发光，因此我们可以从屏幕上看出哪些地方被电子击中。修改后的实验与之前的结果类似：当孔洞较大时，屏幕上呈现出一整块清晰的光斑；当孔洞足够小时，屏幕上就出现了艾里斑。这令人感到奇怪：电子是有明确位置的、不可分的粒子。但它们在此表现出波的特征：它们可分，而且在空间中的位置模糊，甚至彼此相遇时会结合成一个波。但这或许也并不算特别奇特。水也是由微小的分子组成的，而它也可以呈现波的特征。我们可以把艾里斑的出现视作足够多的粒子聚在一起时产生的现象，无论这些粒子是水分子还是电子。不过，上述实验的另一个变体表明，这个观点并不正确。在这个新实验中，我们逐步减少电子枪发射电子的数目，最终使电子枪每分钟只发射一个电子。此时艾里斑已经消失了，我们在屏上看到的是每分钟一次的闪光。我们让这个实验持续进行一段时间，并记录下屏上出现闪光点的位置，而后再描出所有的几千个闪光点。令人吃惊的是，这些点并不随机分布，而是再次组成了艾里斑的形状！这个结果就极为奇怪了。单个电子不可能知道它之前和之后的电子会落在屏上什么地方，它们也不可能彼此协商一致地组成箭靶那样的形状。相反，为了形成艾里斑，每个电子必定是像波一样从孔中穿过，而后又变回粒子击中了屏幕，从而在屏上产生点状的闪光。任何足够微小的物质都会产生这种奇特的现象，例如电子、中子、光子、夸克等基本粒子，但还不止这些，我们发现较大的物体（可在显微镜下观察到的物体）——例如由60个碳原子组成的晶格（也就是所谓的“巴基球”）——也有类似的效应。

为了解释这种奇特的现象，物理学家为每个这样的物体都设了波函数。尽管这些波事实上拥有我们熟悉的波（例如声波、水波等）的通常特性，包括振幅（与静止状态的距离）、相位（波当前处于周期的哪个部分）以及干涉（相遇的波在波峰和波谷相互抵消）等，但我们完全不知道这种波传播的介质。爱因斯坦曾把这种波的介质称为“鬼魅场”。对于水波等在寻常介质中的波而言，我们可以通过振幅的平方计算出它在任何一个点上的能量。但波函数并不携带任何能量，它在某一点上的振幅的平方给出的是该粒子会被探测器（例如上述有磷光剂涂层的玻璃）观察到的概率。显然，就在被观察到的那个时刻，例如电子击中磷光屏幕的时刻——该粒子从单纯的概率波（其可能的存在漫布于空间中），转变成了真实存在并且具有确定空间位置的物体。在物理学家的理论说明中，这个过程是至关重要的。然而问题在于，波函数坍塌时究竟发生了什么？换言之，当某个粒子在某个时刻选取了无数的可能性中的一个并排除了其他可能性时，究竟发生了什么?

我们必须问的是，这种选择是何时做出的。在前述的例子中，它似乎发生在磷光屏闪光之前的一瞬间。在那个时刻，磷光剂被电子击中发光意味着我们对电子所在的位置进行了测量，因此那个电子必定就位于那个位置，它也就不再是概率波了。不过，假定我们无法一直在实验室中观测，于是在磷光屏对面架设了一台摄影机，摄影机通过卫星网络把实验结果实时传输到我们的电脑上。在这种情形下，屏幕发出的光必定传到了记录实验的摄影机中，然后又是同样的问题：与电子一样，光在传播时是波，击中目标时又变为粒子（也就是光子）。那么有什么理由认为，波函数的坍塌（也就是从概率波向粒子的转变）实际发生在磷光屏上而非摄影机里呢？最初，磷光屏似乎是测量工具，电子是被测量的对象；现在，磷光屏本身成了被测量对象，而测量工具则是摄影机。既然我们在这个场景中加上的所有传递测量结果的物体（无论是摄影机、卫星、电脑，还是我们的眼睛和大脑），它们本身也都是由和电子同样性质的粒子构成的，那么我们又怎么能在测量物与被测量物之间划出任何特定的界限呢?

我们把这种不断扩展的被测量现象与测量工具的链条称为“冯·诺伊曼链条”（von Neumann chain），这个名字来自物理学家和数学家约翰·冯·诺伊曼。

尤金·维格纳（Eugene Wigner）是冯·诺伊曼在普林斯顿大学的同事，他和冯·诺伊曼都是匈牙利人。维格纳提出了一种区分被测量物与测量工具的方法。当沿着冯·诺伊曼链条上行的时候，我们遇到的第一个不直接由物质构成的东西，就是进行测量的观察者的意识。因此我们或许可以认为，一旦意识加入进来，波函数就开始坍塌，概率波也就转变成了粒子。当然，这种解释意味着，如果我们把整个实验装置（包括电子枪、带小孔的隔板、磷光屏等）放在一个密封的盒子里，那么波函数就不会坍塌，因为此时不存在有意识的观察者，也没有人感知屏幕的闪光。包含有意识观察者的系统能够使波函数坍塌，而仅仅由无意识测量设备构成的系统则不能。

如果观察者的意识不能使波函数坍塌，那么就会导致奇特的后果。如前所述，当越来越多的物体由于从测量工具变为被测量物，从而被卷入冯·诺伊曼链条的旋涡的时候，概率波的这种“扩散”结构也就成了这些物体的属性。电子那种似乎能同时位于多个位置的叠加性质，如今也影响着先前的测量工具。科学家已经通过实验证实：不仅是极微小的物体，甚至那些尺度大到能在显微镜中观察到的物体（例如60微米长的金属屑）也会表现出叠加的特性。当然，我们无法在显微镜中直接看到金属屑同时位于两个位置，因为一旦我们看到它，波函数就会即刻坍塌。但这显然表明，微观层面的这种不确定性也会扩展到宏观层面。

如果我们抽离了一个观察者的意识，他就成了一台纯粹的、颇为精密的测量装置，也就是类似磷光屏、摄影机等物质组成的宏观物体。假设我们把一个物理学家放到一个密封的集装箱里，这个集装箱足够大，可以容纳一整个实验室，使其与外界完全隔绝。这位物理学家的任务之一是观察星期一正午时刻射出的电子落在艾里斑的哪个区域。他把观察结果记下来，然后接着进行其他实验。到了下个星期一，我们打开集装箱的门，那位物理学家告诉我们电子击中了艾里斑的中心。假定这个物理学家的意识并未引起波函数的坍塌，这时候他自身就作为被测量系统的一部分成了冯·诺伊曼链条中的一个环节——被测量系统不再是单个电子，而是那个集装箱中的一切事物。只有当我们打开集装箱的门，并询问那个电子在屏上的位置时，这个系统才得以被测量。但这就意味着那个物理学家在整整一周里都处于叠加状态，他仿佛处于一种“生命暂停”状态，同时既相信电子击中了屏幕中心，又相信它并未击中中心。只有通过我们的干预，概率波才坍塌下来，两种状态中的一种才成为现实。这个结论是非常反直觉的，因为我们必须假定这个物理学家在上一周里的存在状态和常人完全不同，并且他显然无法像常人那样拥有某种信念。我们极难想象这种情形下会发生什么，因为我们似乎不知道同时拥有两个信念的状态对我们而言是怎样的。

然而事情还会变得更糟。既然那个物理学家无法使波函数坍塌，那么与他在各方面都非常相似的我们又怎么能使之坍塌呢？实验室的门被打开难道不意味着我们自身也成了测量装置的一部分吗？我们有可能在不自知的情况下同时处于两个状态吗？如果我们处于确定的状态的话，那又是谁的观察所导致的呢？

这个场景（通常被称为“维格纳朋友案例”）显然是充

满悖论的，它旨在支持这样的观点：一旦有个意识进入了测量情境，波函数就会即刻坍塌。然而，如果我们决定在这个时刻不做测量，那就意味着根据末日定义，物质不可能是真实的。我们可以合理地假定：前面所说的那种效应不仅适用于非常微小的物体（例如电子、光子等实体），而且也适用于所有的物体——只不过在宏观物体中，这种效应非常微弱，因此无法被观察到。但如果只有意识才能把鬼魅似的波函数转变成或多或少类似日常物体的东西，那么我们就不能认为物质是无论心灵在或不在都仍然还留存的东西了（至少如果我们假设人类心灵是宇宙中唯一的心灵）。

不过，这番推理或许有点儿太仓促了。首先，我们可以主张：切断冯·诺伊曼链条的是人的心灵运作背后的物理过程，这样就无须假定非物质心灵的存在了，不是吗？事实上，牛津大学的数学家罗杰·彭罗斯（Roger Penrose）提出了一种方法，根据这种方法，物体的波函数无须与测量装置相互作用就能自行坍塌。彭罗斯的基本想法是这样的：那些大于临界质量的系统会在自身的重量下坍塌，并且将叠加状态的单纯可能性变成真实性。根据彭罗斯的构想，这种“物体性还原”（objective reduction）会发生在大脑神经细胞的特定部位（所谓的“微管”）。如果彭罗斯是正确的，那么我们无需假定神秘的非物质实体来使概率波转变成粒子，我们大脑中的普通物理过程就足以做到这一点。

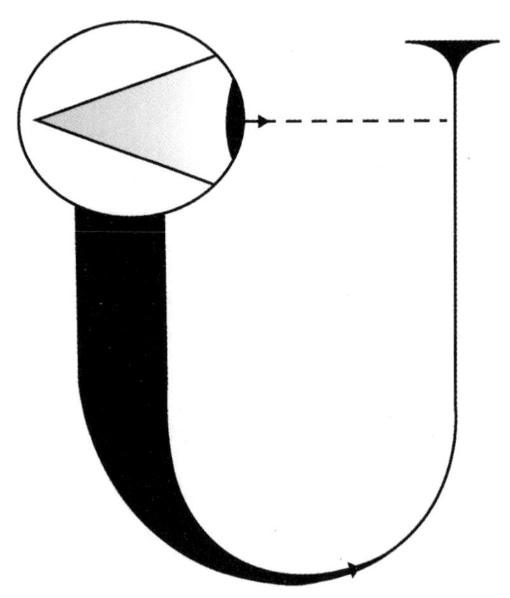

图10 约翰·惠勒（John Wheeler）的参与式宇宙示意图：观察者的观察创造了宇宙，而观察者自身也是这个宇宙的一部分

这样一来，有意识的心灵就是量子层面物理过程的结果而非原因。彭罗斯声称，这种过程为心灵带来了超越常规计算机的能力，这也意味着我们永远不可能建造出能够把人的心灵作

为程序加以运行的计算机。这个想法固然令人着迷，但它在很大程度上还是一种空想，发生微管中的“物体性还原”概念目前并未被广泛接受。

另外，即便我们同意上述观点，即非物质的意识是切断冯·诺伊曼链条的前提条件，但那也只意味着物质的动态性质（如位置、动量、自旋的方向等）依赖于心灵，而并不意味着物质的静态性质（如质量、电荷、自旋的大小等）也依赖于心灵。无论我们观看与否，这些静态性质都是存在的，因此根据末日定义，它们是真实的。

然而我们要问自己的是：把物质重新定义为“静态性质的集合”是否能为“物质”这一概念保留足够多的内容，以便让我们将其视作真实的？在没有心灵的世界中，像质量和电荷这些性质仍会存在，但事物既不会占据特定的位置，也不会有特定的运动方向。这样的世界和我们所熟悉的世界几乎没有任何共同点。维尔纳·海森堡[1]就曾指出：

1　维尔纳·海森堡（Werner Heisenberg，1901—1976），德国物理学家，量子力学创始人之一，“哥本哈根学派”的代表人物，1932年诺贝尔物理学奖获得者。——译者注

> 唯物主义本体论建立在一种错觉的基础上，这种错觉认为：我们可以假设那种存在，即周遭世界的直接“真实性”——也适用于原子的领域。然而这种假设是不可能的……原子并不是事物。

在目前这个阶段，我们所能得到的最佳结论似乎就是：有些事物在末日定义的意义上是真实的，尽管它们与我们对事物的日常理解相去甚远。

如果我们并不通过末日定义来理解“真实”，而是在乌龟定义的意义上理解它，也就是将其视作为一切其他事物提供基础的东西，那么物质在多大程度上是真实的呢？要想回答这个问题，我们必须考察一个关键的科学概念，即“还原性解释”（reductive explanation）。科学理论的力量在很大程度上来自这样一个洞察，即我们可以把适用于某类特定对象的某种理论拿来解释相当不同的另一些对象。因此我们无须为了解释另一些对象再构造一套定律和原理，只需假定后一类对象的所有性质都可以被还原到关于前一类对象的陈述中，而这些陈述能够由适用于第一类对象的理论加以解释。还原性解释的一个典型例子就是：关于无生命物质的物理学和化学理论可以被用于解释有生命对象（生物有机体）内部的过程。

为了解释有机体的新陈代谢、繁殖、衰老、死亡以及遗传信息的传递，我们无须假定某种特殊的物理学或化学。构成有机体的活细胞，其所有的性质都可以由细胞核、线粒体等亚细胞级别的实体加以解释，而后者的所有性质又可以由构成它们的分子和原子间的化学反应加以解释。因此我们可以说，生物过程的解释可以被还原为化学过程的解释，并最终还原到物理过程的解释。

如果我们追求的目标是对周遭世界的现象进行还原性解释，那么我们要做的第一步就是把关于周遭中等大小物件的陈述（例如砖头、大脑、蜜蜂、账单等）还原为关于基础物质对象（例如分子）的陈述。而后我们认识到基础物质对象的所有性质都可以用构成它们的物质（即原子）加以解释。当然，原子也有组成部分，我们正进入一个尺度越来越小的迷人的亚原子粒子领域。迄今为止，我们并未找到最基本的物体，甚至我们对是否存在这种物体都还没有定论。但这并不是停止解释的理由，因为我们总是可以通过它们占据的时空来理解最基本的物理对象。因此，与其通过陈述在这个特定时间段内，位于这个特定位置的特定粒子来解释事物，我们不妨试着把这种陈述还原为那种关于坐标系中的特定空间区域在两个不同时间点之间状况的陈述。

不过我们还可以来到更基础的层面。如果任意选取空间中的某个点，并借助一个稳定的距离单位，我们就可以通过三维坐标来确定空间中的任何一个点。这无非告诉我们在上下、左右和前后的方向上移动多少个单位。我们对时间点也可以采取同样的方法：通过与某个固定的时间点相隔若干个单位来确定每个时间点。这样一来，我们就有了一种方法，可以把时空中的每个点表达为四个正数或负数的集合：x，y，z和t——其中x，y，z表示空间维度，t表示时间维度。数学家已经找到把数字还原为更基本的集合概念的方法。首先，他们用空集（不含任何元素的集合）替代数字0，数字1可以用一个只包含空集的集合来表示，数字2则是只包含表示数字1的那个集合的集合……以此类推。我们可以证明，这种基于集合的替代性数字概念保留了原先数字的一切性质。

我们仿佛已经能把周遭物质世界的一切都还原为一系列复杂的集合了。有鉴于此，把握“集合”这个数学对象的真正含义就显得尤为重要了。关于数学对象，在我们讨论的上下文中，有两种观点值得注意。首先有一种观点认为它们是柏拉图式的对象。这意味着数学对象与我们见过的其他对象都不一样，它们既不由物质组成，也不存在于时空之中，它们永恒不变，既不被创造也不会毁灭，它们不可能停止存在。根据这种柏拉图式的理解，数学对象存在于“第三领域”（third realm），这个领域是一个独特的世界，既不同于物质世界，也不同于诸如感知、思维和感觉等精神实体的世界。

其次，也有人认为从根本上说，数学对象的本质是精神实体。它们和存在于我们心灵中的许多其他东西同属一类，例如思维、计划、概念和观念等。只是数学对象并不是全然主观的；他人的心中也能拥有和我相同的数学对象，因此当谈论毕达哥拉斯定理时，我们谈论的是同一个东西。数学对象就寓于心灵之中，它们并没有超越心灵而存在。

这两种观点都会带来奇怪的结果。如果世界在最基础的层面是由集合构成的，如果集合并不是物质，而是一种奇特的柏拉图式的存在，那么物质对象就会完全从视野中消失，因为根据乌龟定义，物质不可能是真实的。如果把科学还原贯彻到底，我们最终得到的东西就既不是微小的卵石或弹球似的东西，也不是在多维空间振动的弦，而是纯粹的数学中的那些对象。

有一种理论主张物质世界本身就是巨型计算机输出的产物，这种理论在细节层面体现了上述想法。该理论的论述基于这样一种观念：我们固然无法用看待中等大小物体（弹球和台球等）的方式来看待量子层面粒子的运动，但如果把后者视作某些程序输出的产物，在许多方面理解起来就会容易得多。

量子力学研究的各种对象彼此无法区分，所有的电子都完全相同——无论它是氦原子里两个电子中的一个，还是金原子里79个电子中的一个。这种程度的相似性通常并不会出现在日常生活的世界。众所周知，莱布尼茨曾在花园中让苏菲公主找两片完全相同的树叶，那显然是不可能做到的。不过如果你在电脑上打出“Leibniz”这个名字，其中的两个字母“i”就一模一样，无论它是位于“e”和“b”之间，还是位于“n”和“z”之间。这是因为所有的字母“i”都是由电脑程序中同样的流程产生的。因此有人认为，电子等对象也是以类似的方式由创造世界的计算机产生出来的。

另一个令人困惑的事实是：虽然量子力学在形式上为所有的物体都关联了波函数，但这些波与通常的波不同，因为它们没有传播的介质。水或空气中的波可以被视作各自介质中的组成部分（例如水分子或空气分子）的暂时位移。而对量子力学谈论的波而言，这种解释是行不通的，因为它背后不存在更基础的物体来呈现波的运动。但如果我们把这种波理解为计算机内存中的某种代码，换言之，如果将其视作由0和1组成的序列，我们就不需要假定某种波动的物体来传递波了。

例如，电脑生成的“声波”并不需要波动的介质，因为它只存在于电脑的内存之中。但这并不会妨碍它具有和我们熟悉的声波同样的功能和作用。

物质世界是巨型计算过程产生的结果，这个观点把我们带回到上述那种计算机模拟宇宙观，不过这次不再是历史模拟，而是试图通过这种方式理解极小尺度和极短暂时间中的世界如何运作。该观点背后是这样的想法：即便我们永远无法明白计算机程序是如何被编制的（因为代码只是一系列抽象的信息，而非物理意义上的事物），但通过仔细检查所运行程序的细节，我们仍然可以演绎出它被编制的方式。我们周遭所见的物质对象的世界，连同这些对象所处的时空，都无非是计算机程序输出的产物。就计算机代码的层面而言，它们并不存在，这就如同你的电脑内部并不存在一个箭头形状的、和你的鼠标相对应的东西。

尽管电脑程序能以不同的物理样貌向我们显现——例如

可以显现为屏幕上的文本、打印出的材料，或者存储在电脑硬盘里的资料——但它本身并不是物质对象，而是抽象对象，也就是那种不会被创造也不会被改变的、位于时空之外的必然存在物。如果我们所感知的物质世界是这种程序生成的结果，那么根据乌龟定义，物质对象就不再是真实性的基础性质的一部分了。如果将这种想法贯彻到底，我们就会认识到构成物质世界的并不是微小的物质事物，而是一类独特的数学对象。

当然，关于数学对象的柏拉图式观点并非没有争议。对象如何能够存在于时间和空间之外？我们如何能拥有关于它们的知识？它们又如何能生成那些占据时空的事物？不少人认为这种观点并未清楚地说明这些问题。但如果我们认为数学对象本质上是精神性的，那么我们就会来到一个比柏拉图主义者所设想的更为奇怪的场景。因为科学还原论者旨在把人的心灵还原为大脑的活动，而后再把大脑还原为一系列相互作用的细胞，再把细胞还原为分子，把分子还原为原子，把原子还原为亚原子粒子，把亚原子粒子还原为汇集的时空点，把汇集的时空点还原为数的集合，再把数的集合还原为纯粹的集合。但在这一连串还原的尽头，我们似乎又通过环路回到了自身的起点，也就是精神实体那里。

对于任何一种试图统一心理学、生物学和物理学的尝试而言，只要我们假定意识在还原波函数上起到一定作用，我们就会陷入和上述状况类似的环路。因为我们试图把人的心灵还原为中枢神经系统的活动，后者是一种生物学结构。生物学结构可以由碳、氮、氧等相互作用的化学过程加以解释，这些元素又可以被分解为更小的组成部分，直到我们来到量子效应非常显著的层级。而为了解释量子效应，我们又必须回到这个链条的最顶端，也就是人的心灵。

在这两种情形下，我们认为最基础的东西恰恰离不开被我们视作最不基础的东西。在对基础的探询中，我们绕了一个大圈：从心灵开始，经由物质的各种组成部分，最后又回到心灵。但这仅仅意味着没什么东西是基础的，这就如同伦敦的地铁环线，既没有第一站，也无所谓最后一站。至此描述的还原论场景似乎带给我们这样一个教益：要么真正基础的东西不是物质，要么根本不存在基础。

类似的奇特环路也出现在最有影响力的量子力学解释，也就是“哥本哈根解释”（这个名称源于该解释的代表人物尼尔斯·波尔的研究机构所在地）中。和维格纳基于意识的解释不同，“哥本哈根解释”并不假定波函数的坍塌发生在意识的心灵观察到实验结果的那一刻，而是认为坍塌发生在被测量的系统（例如我们例子中的电子）和测量设备（磷光屏）发生相互作用的时刻。因此，它必须假定磷光屏的物理性质遵循的是经典物理学，并且其本身不会表现出像电子那样奇特的量子力学特征。

在“哥本哈根解释”看来，可以用经典物理学概念加以描述的事物和过程是一切物理解释的基础。这就带来了某种循环论证。我们通过越来越小的组成部分（分子、原子、亚原子粒子）来分析鞋子、轮船和热封蜡（包括磷光屏、摄影机、电脑、我们的眼睛，乃至所有中等大小的物质事物）所在的日常世界，直到所研究的对象如此之小，以致量子效应变得非常显著。但当要解释量子效应理论的真正意义时，我们恰恰无法找到更微观层面的结构来解释它。正如波尔本人所指出的：“并不存在量子世界，存在的只是量子的物理描述。”这句话的意思是：与其向下寻求更微观的解释，我们不如回到感知具体现象的层级，也就是回到宏观物理的测量设备（例如磷光屏和摄影机）那里，并表明我们的理论关涉的就是这些仪器上的读数。我们再一次陷入了这样的境况：我们既不能说量子对象所在的微观物理世界是基础性的（因为谈论这些无非是一种概念上的桥梁，好让我们把关于通常大小的测量设备的某些陈述联系起来），也不能说测量设备所在的宏观物理世界是基础性的（因为这些设备本身无非是量子对象的大型积聚物）。因此我们进入事物相互依存的循环结构，但即便如此，与此前的情形不同，在这里，心灵对象不再是循环的一部分。因而按照乌龟定义，中等大小的磷光屏和微小的电子都不是真实的，因为尽管它们不依赖于任何其他东西，但它们并不是一切事物的基础。

第三章

人格*是真实的吗？

* 原文为persons，心理学术语，原指在戏剧舞台上表演时戴面具的人，此处引申为表现出来的外在人格。——编者注

1982年春，在巴黎的大军团大街上，一位美国妇女正在等公交车。就在上车的时候，她感到内心都要炸裂了，她回忆道：

> 之前被称为“我”的那个东西被一股巨大的力量从它通常在我内部的位置推到了我的头左后方大约一英尺的地方。于是“我”就在自己身体后方，不用眼睛观看着这个世界。

更让人不安的是，几天之后，她被移位的“自我”竟完全消失了，于是：

> 人格自我（personal self）不在了，但那空虚的身体和心灵仍然在这里……心灵、身体和情感不再指涉任何人——因为不存在作为思维、感受和感知主体的人。不过心灵、身体和情感的功能并未受到影响；显然，它们并不需要“我”来维系这些功能。……用指称来代表自己的姓名是最为奇怪的。如果我要在支票或信件上签名，我就会充满困惑地盯着纸上的字母：那个名字不指称任何人。

在生命中接下来的14年里（这位女士42岁死于肿瘤），她再也没能找回丢失的人格自我。

这种情况并非个案。1880年，法国神经学家朱尔·科塔尔（Jules Cotard）首次描述了一种罕见的神经精神紊乱——我们后来将其称为“科塔尔综合征”（Cotard’s syndrome）。较轻的科塔尔综合征患者会觉得自己已经死亡，或者否认自己身体的存在；而在严重的情况下，患者会完全否认自己存在，并且往往失去使用“我”这个词的能力。

我们很难理解这种心理症状。我们自身人格的存在似乎是我们最熟悉的东西之一。你或许会怀疑周遭世界的存在，你也许会质疑院子里的树木和正在割草的园丁是否真实存在，但我们如何能怀疑我们自己的存在呢?存在某个怀疑着某物的人，这个事实难道不会打消我们的一切怀疑吗?这怀疑着的人，如果不是我们，又会是谁呢?

根据黑客帝国定义，人格显然是真实的。一个人，比如我们自己，显然是向我们呈现的，事实上，它比任何其他的东西都更清楚、更持久地向我们呈现。假如我每天使用一个茶杯10分钟，那么5年间，这个茶杯向我呈现的总时间就大约是300小时。但我在所有的清醒生活中每时每刻都感知着自我。事实上，我们的自我感知甚至会延续到梦境中。因此，即便我们或许会错误地相信梦中的许多东西，我们也不可能在做梦者自身（而不是别人）的存在上出错。

我们不仅把自身作为人格加以感知，而且大多数其他人（除了极少数有前述特殊心理疾病的人）也都以这种方式感知自身。因此根据1984定义，人格是真实的。此外，我们似乎也不能任意决定自己想要做什么人。虽然我们对自身人格的形成可以产生有限的影响，但归根结底，构成“我们”的身体、基因、信念、记忆和心理倾向等都不在我们的控制范围之内。我们自身并不是可以凭空造出来的东西，因此根据约翰逊定义，人格也是真实的。

如前所述，对于“真实”最具实质性的定义就是末日定义和乌龟定义。根据末日定义，人格显然不可能是真实的，因为它们在无人的世界里不存在。很难想象一个我们不存在而我们的人格或自我反倒存在的世界。与之相反，根据乌龟定义，人格的真实性要合理得多。因为人格似乎是我们所知世界不可还原的一部分。在最基础的层面上，不仅存在各种物质，而且还存在着一种提供感知这些物质的视角的系统，也就是带着观点的系统。迄今为止，我们都没能成功地把这些系统还原为更基础的东西，而如果它们无法以这种方式还原，那么组成它们的必定是最基础层面的事物。因此，在最基础的意义上，人格是真实的。

不过，一旦我们试图进一步把握人格和自我的意义，事情就开始变得更加令人困惑了。这个问题似乎涉及四个因素。第一，我们的自我位于身体内部，但它不等同于身体。它拥有身体，身体则为其存在提供支持。第二，我们认为自身是持续不变的。这并不是说我们的欲求、倾向或基本的外表永远不会改变。而是说在这些变化背后，存在着某种始终恒定的东西，这个东西使得现在的我与五年前或五年后的我是同一个人。

第三，自我是联系一切事物的统一体。世界经由林林总总的图像、声音、气味、心灵影像、回忆和慎思等方式向我们呈现。这些成分在自我那里被结合起来，统一的世界也就产生了。第四，自我也是一个行动主体。它思考着我们的思想，并且从事着我们的行动。自我把世界的各种表征统一成融贯的整体，并将其用于对这个世界的行动之中。

所有这些看法似乎都与其他看法一样确定且显而易见。只需考察自身就能明白：我们拥有身体，但不等同于身体，我们在不同时刻都大致是同一个人，并且我们是信息从世界进入身体时的中央控制室，也是决策与行动的始发地。但我们越是仔细地审视这四个因素，它们就越是不那么显而易见。

我们并非任何时刻都是同一个人。我们身体中的细胞在新陈代谢过程中会被不断地替换，尽管这种替换的速度取决于细胞的具体种类，但在一段足够长的时间之后，我们身体的每个细胞都会被新细胞所替换。但我们仍然会认为自己在整个生命中都是同一个人。不过，如果自我和我们的身体并不等同，那么它位于身体中的哪个地方呢?在不同的文化中，这个问题的答案不尽相同：古埃及人和亚里士多德都认为自我位于心脏，荷马认为thymos——情感的源头——位于肺部，古代的中国人认为腹部的丹田是至关重要的，而柏拉图和盖伦等人则认为自我位于头部（更确切地说是大脑）。当然，这些回答不可能全都正确，除非我们假定自我分散地存在于身体各部分——这个想法听起来似乎最为合理：比如当手指被烫到时，我自身的疼痛感和我的手的疼痛感是同时产生的。然而这种分散存在的观点意味着：如果我们失去了手或胳膊，我们的自我（不仅是我们的身体）也会失去一部分，因此它会比先前更小一些——这当然是个奇怪的后果。

图11　电影《我在哪儿？》（*Where Am I?* ）中的镜头。图为丹尼尔·丹尼特（右一）与他的大脑

当代大多数人会认为自我位于头部的某个地方，它在我们眼睛后面观看着这个世界。在短篇小说《我在哪儿？》中，哲学家丹尼尔·丹尼特（Daniel Dennett）就探讨了这个观点可能引发的一些稀奇古怪的后果。在小说中，丹尼特的大脑被摘除并放置在生命维持系统中，其中的每个神经连接都被一对微型的无线电收发装置所代替，其中一个与大脑相连，另一个则与丹尼特的空颅骨中的神经末梢相连。通过这种方式，丹尼特的身体与大脑之间的连接就变得非常有弹性。他的大脑不再被神经的弹性限制在颅腔的狭小空间中，而是可以离开身体相当的距离，并且维持原先所有的神经连接和功能。于是，当被摘除大脑的丹尼特看到自己在体外的大脑时，问题就出现了——他无法相信他自己就位于眼前的大脑中的某个地方。丹尼特认为他正在看着自己在缸中的大脑，但其实真正发生的是（他应当这样想）：位于缸中的丹尼特正看着自己的身体。

《我在哪儿？》节选

“手术大概成功了吧，”我说，“我想去看看我的大脑。”他们领着我，经过长长的走廊，来到一个生命维持实验室。里面传来装配支援团队的欢呼声，我希望那是热烈的欢迎。我还是觉得脑袋有些轻飘飘，工作人员搀扶着我来到维持生命的缸前面。我往玻璃缸中看去：在姜酒似的液体中，悬浮着一个大脑，虽然它上面覆盖着各种印制电路板、塑料管、电极等物件，我还是可以分辨出那是个人脑。“它是我的吗？”我问道。项目主任回答说：“你拨一拨位于缸侧面的输出发射器就知道了。”我把开关拨到“关”的位置时，我感到一阵恶心和眩晕，一下子瘫倒在技术人员的身上，其中一位好心的技术人员把开关拨回到了“开”的位置。在恢复了平衡和仪态之后，我想：“好吧，我正在此，坐在折叠椅上，盯着玻璃缸中的我自己的大脑……不过，”我自言自语道，“难道我不应该说‘我正在此，悬浮在冒着泡的液体中，被自己的双眼盯着看’吗？”我试着理解后面这个想法，并希望能把这个念头投射到缸中的大脑，但我却无法令人信服地做到。我又试了一次："我丹尼尔·丹尼特在此，正悬浮在冒着泡的液体中，被自己的双眼盯着看。"不，这行不通。它是最令人困惑和费解的事。作为一个坚信物理主义的哲学家，我坚定地认为自己的思维发生在我大脑中的某个地方：但当我想"我正在此"的时候，我觉得这个念头就来自我这里，而不是来自玻璃缸中，我丹尼特正盯着自己的大脑看。

不过，即便不借助上述科幻小说的场景，我们也能看出关于身体内部的自我的这种自然信念是有问题的。我们觉得自己居住在自己的身体里面，就仿佛对身体行使着所有权，并且我们拥有自身身体的感觉，要比拥有房子的感觉强烈得多。我们没有房子也能生活，但如果没有了身体，我们能否活下来则是相当可疑的，因为身体支持和维系着心灵，后者把自身视作身体里的居住者。我们的自我似乎就是任何居住在身体中并且维系心灵功能的东西。

然而，对一些不属于身体、没有生命，甚至根本不存在的东西，我们也可能会产生占有身体的那种感觉。

橡胶手错觉

要想在家里复制橡胶手错觉，你需要一个橡胶制的手、一块纸板和两把刷子。如果橡胶手（用于手部护理教学的那种比较便宜）难以获得，你也可以用一只充气的乳胶手套代替。把橡胶手放在你前面的桌子上（假定你用的是橡胶制的左手模型），然后将左手放在它左侧。把纸板立起来，形成一个屏障，使得你只能看到橡胶手，但看不到自己的左手。让一个助手同时用两把刷子分别拍打真手和橡胶手的相同部位。大约两分钟之后，在看到橡胶手被刷子拍打的时候，你很可能会产生一种奇特的感觉。你甚至会感觉到存在一个“虚拟的手臂”，也就是说，橡胶手和你的身体之间被某种东西连接了起来。

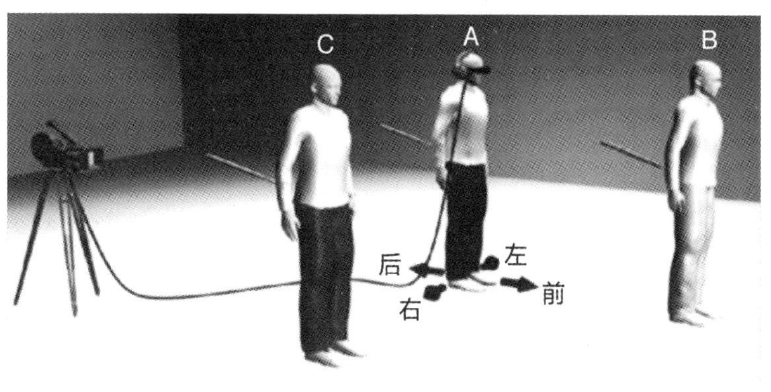

图12　虚拟全身错觉

橡胶手错觉就是一个典型的例子，在这种错觉中，我们会忽然间把无生命的物体（比如一块橡胶）视作自己身体的一部分，并且在其中获得感觉经验，尽管在这个假手中并没有发生任何生物学过程。而借助更先进的技术，我们能制造出更奇特的效应。例如在一个有意思的实验中，参与者（A）头戴一个特殊的显示器，该显示器通过一对特殊的镜片分别向左右眼投射分离的图像，从而让人产生位于三维环境的虚拟感受。位于参与者身后的摄像机把一系列视觉数据投影到他的眼中。当通过头戴显示器观看时，受试者会产生一种奇怪的感觉，好像自己正站在自己前方（B）看着自己的后背——就如同马格利特[1]著名的画作。

如果此时有人拍受试者的后背，如果受试者在看着虚拟人像的背部的时候感觉到自己的后背被拍了，他往往会觉得那个虚拟人像就是自己的身体，也就是说，他试图“跳进”那个人像中，把自己等同于它。

如果我们把摄像机对准人体模型，而不是我们自己的身体，这种错觉也会出现。我们在此见到的似乎是橡胶手错觉的全身放大版，我们把自我的位置放在了我们的身体之外，这令人吃惊。有意思的是，我们并不认为自我位于投影视角的中心（也就是摄像机的位置），而是觉得它位于我们前方的人像处。

在不具备任何神经器官的橡胶手中获得感觉固然非常古怪，但更奇怪的是我们有可能从不存在的肢体那里获得感觉。刚被截肢的人往往会出现幻肢的症状。他们不仅觉得已经截去的肢体还在，而且常常感到自己已经不在的肢体处于某种疼痛的姿势动弹不得，这令病患十分痛苦。对于那些认为自我扩散

1 勒内·马格利特（René Magritte，1898—1967），比利时超现实主义画家，因其作品中带有些许诙谐以及许多引人深思的符号语言而闻名。——译者注

地分布于身体中，并且在感觉中无处不在的人而言，幻肢现象的存在带来了理论上的困难：因为自我似乎会溢出我的身体，并且在没有肢体的情况下产生感觉。

如果我们可以在由无生命材料制成的人体模型中获得感觉，或者感觉到不再存在的肢体，那么那种认为自我位于身体内部的观点就显然不是无懈可击的。自我与支持着精神生活的身体位于同一个地方，这个看法并没有逻辑的或心理的必然性，即使丹尼特的小说成了现实，它也不具备实际上的必然性。相反，我们就好像自己创造了一个身体的认知模型或是模拟，并把自我放置在了里面。这个模型可以包括橡胶手这类无生命物质，也可以包括幻肢这类不真实的现象。自我的位置并不是我们可以在世界中找到的东西，而在很大程度上是我们自己创造出来的东西。

“我在哪儿？”这个疑问引发了各种令人困惑的问题，不幸的是，我们并没有在回答这个疑问上取得多少进展。其中一个最显而易见的回答似乎是：从出生到死亡（如果你相信来世，也可以把死后的意识包括进来），我们的存在是连续的。不过在这七八十年的时间里，我们连续存在的自我也发生着显著的变化：不仅有身体的变化，还包括信念、能力、欲求和情绪上的变化。今天开心愉快的我和昨天悲伤郁闷的我不可能是相同的，因为人不可能同时既高兴又悲伤。但今天的我和昨天的我显然是同一个人。

解决这个问题的一种方法，就是假定我们的自我是某种更基础的东西，也就是所有这些变化不定的属性背后自身恒定不变的东西。就如同穿过一串珠子的细绳，自我贯穿着我们生活的每一个时刻，为其提供了统一的核心。但这种自我观的困难在于：它无法涵盖通常被认为构成自我的大多数属性。例如快乐、悲伤、说中文的能力、对草莓或樱桃的偏好，甚至意识本身——所有这些都是可变的状态，它们的消失并不会影响自我，就好像少了一两个珠子并不会影响整串项链。然而这样一来，我们就不太清楚这种极简式的自我为什么能在我们的生活中占据如此核心的地位了。如果我们精神生活中的任何内容都不会影响到自我，那么这样的自我又有什么用处呢？

换言之，假设某人给了你一种药物，它能够在摧毁自我的同时，保留你所有的信念、欲求、偏好……那么你服用它会有什么不妥吗？显然，那种能够摧毁所有信念、欲望、偏好，但可以保留我们自我的药物是更好的。这会引发疑虑，即：我们关心的不是这种意义上的自我，而是自身精神生活的内容。

此外，鉴于我们无法从内部分辨服过药与没服过药的差异，你是不是有可能已经被人偷偷下了药，从而不再拥有自我了呢？作为一个因药物失去自我的生物，你不会损失任何过往的经验——除非存在一种与你心中的所有内容都完全无关的，无论清醒、沉睡，还是昏迷，都保持不变的“是我”（being me）的经验。但这种经验是不存在的。苏格兰哲学家大卫·休谟明确指出：

> 就我而言，如果我最紧密地进入到那个被称作“我自己”的东西，我总是会有这样或那样的具体感知，比如冷和热、光和影、爱和恨、痛苦和欢乐。如果没有感知，我永远不能把握我自己，除了感知，我没法儿观察任何东西。

不过，我们在此谈论自我，未必就意味着存在一个像串珠绳般贯穿我们全部生命的、恒定不变的东西。即便组成一根绳索的所有纤维都没能贯穿整根绳子的长度，这根绳索仍然是结实的：它只是由相互重叠的较短纤维组成的序列。与此类似，我们的自我或许也只是由一连串彼此重叠的连续心灵事件组成。虽然这种观点有一定的合理性，但那也意味着我们永远不能在完整的意义上在场。通常，我们会假定：当想到某个事物会做出某个决定时，思考和决策的主体是我们的整个自我，而不是其中的特定部分。然而根据这种绳索式的自我观，我们的自我在任何时刻都不会完整地呈现，就像一根沿着直尺伸展的绳索，它在直尺任何一个刻度上都不是完整呈现的。串珠模型也符合这个观点（因为串珠绳在任何一个珠子上都不是完整呈现）；至少，如果你把生命中的所有时刻都集合到一起，这个整体中就包含着你的自我。但根据绳索模型，连这种自我的整体也是不存在的。

我们手头似乎只剩下两种不太吸引人的选择：一是与组成我们的一切都毫无关联的连续性的自我，我们甚至都不会注意到这种自我的存在与消失；二是由我们精神生活的内容真实组成的自我，但这种自我不具备能够确保同一性的恒常不变的部分。

与上述两方面相比，自我还有一个重要得多的特点：自我事实上位于我们世界的中心。它是所有事物的汇聚点。我们很容易忽略这个事实的重要性，但如果考虑到大脑为了呈现一个完整的世界所需完成的工作，我们就会发现这个任务是极为复杂的。来自我们视觉、听觉、触觉、嗅觉和味觉的各种感觉信息在大脑的不同区域被处理。它们需要传递不同的距离（挠脚尖的感觉信号需要比挠胸部的感觉信号传递更远的距离），因此它们抵达大脑的时间并不相同。而大脑对不同种类信号的处理速度也不相同，它处理视觉刺激要比处理其他刺激花费更长的时间。（其中的时间差大约是0.04秒。相比之下，说出一个音节的时间大约是0.2秒。）但光传播的速度比声音快得多。把这些速度和时间的差异综合起来考虑，这意味着十米左右距离的视觉和声音信号抵达大脑的时间大致相同，而在十米之内或之外，视觉信号和听觉信号会在不同的时刻抵达大脑。在那种情形下，事物所呈现的同时性（比如演讲者的嘴唇动作与他的声音），其实必须靠我们的大脑建构出来。

此外，大脑必须快速过滤来自外部的感觉信息，从中获取有效信息（我们身后的老虎的吼声应当比我们前方的鸟叫声更快地被注意到）。与此同时，大脑还必须处理思维和记忆。大脑几乎要不断地从这些纷繁的数据资料（data）中建立起融贯而统一的世界图景。（唯一的例外似乎就是精神紊乱或服用致幻药物的情形。）

笛卡儿强调，这种统一性对于自我（或者灵魂）获得关于世界的知识是必不可少的。在谈到松果腺（位于大脑中央，形似松果的腺体）时，笛卡儿认为：

> 我的观点是：这个腺体是灵魂的主要所在，它是我们的一切思想所形成的地方。我之所以这么认为，是因为除了这个腺体，大脑中的其他部位都是双份的。既然我们用两只眼睛看一个物体，用两只耳朵听一个声音，并且每个时刻只能有一个念头，可见来自双眼和双耳等处的印象在被灵魂思考之前，必定要先在身体的某个地方统一起来。除了这个腺体，我们不可能在头部找到任何其他类似的地方。

这种关于心灵的图景有时被称作“笛卡儿剧场”。就像坐在舞台前面的观众，我们的自我感知着世界的表象，这些表象是由各种不同的感觉数据组成的。如果这些数据没有先行被统一起来，自我就会变得非常困惑，就如同当舞台上出现了两个哈姆雷特时，观众会感到困惑一样。虽然这个图景非常自然，也非常有说服力，但它也需要面对许多难题，因此我们应该对其保持谨慎的态度。不妨考虑一个简单的例子。

如果我们向屏幕的左下角投射一个亮的光斑，然后紧接着在右上角投射一个光斑，这时观看者会觉得同一个光斑从屏幕左下角移动到了右上角。（这就是心理学家在20世纪初发现的“beta现象”。）如果给予光斑不同的颜色，例如左下角的光斑是红色，右上角的光斑是绿色，那么观看者就会觉得同一个光斑在到达屏幕对角线中点时改变了颜色。这是个令人费解的实验结果。如果我们的大脑补上对角线的运动是为了笛卡儿剧场中的自我，那么它怎么会在看到绿色光斑之前，事先知道光斑的颜色会在半途中从红色变成绿色呢？这种在事件真实发生之前先行认知的能力是不太可能的。对这个“beta现象”的另一种解释是假定我们笛卡儿剧场中呈现的所有经验都有轻微的延迟。大脑并不在第一时间处理红色光斑的信息，而是让它延迟了一小会儿。当绿色光斑的信息被处理后，两种颜色的光斑被放置到一个共同的感知叙事中，形成了一个运动和变化颜色的光斑的感觉。意识的剧场中上映的就是这个被编辑过的版本。

不幸的是，这种延迟解释与我们关于感知运作的证据并不吻合。尽管感知不像神经反射那么迅速，但我们知道，接近最短时间的有意识反应在物理上是可能的。如果把信息传递到大脑的时间和反应的准备时间都加起来，我们会发现剩下的时间太少，根本不足以提供这种解释所需的延迟时间。

在此，我们有理由怀疑这种感知着统一的感觉信息的自我观是有问题的。或许我们的大脑中存在着多种神经过程，我们的心灵中也存在着多种心灵过程，它们或许并不会在我们感觉到的“当下”那个瞬间汇聚到某个中央机构那里。被我们置于精神生活中心的“自我”或许只是一种权宜的虚构物，缺乏明显的事实基础。而如果感知内容并非在特定时刻呈现在自我的剧场中——因为不存在这样的剧场——那么前述的“beta现象”就会容易理解得多：红色光斑变绿的错觉是在感知到绿色光斑之后才在大脑中产生的，但就主观而言，它就呈现为“红光斑—红光斑变绿—绿光斑”这个序列，就如同当你读到“那个人在跑出房屋之前亲吻了妻子”这句话时，输入信息的序列是“跑—亲吻”，但你心中建构起来的事件序列则是“亲吻—跑”。主体是否意识到某物（某物是否进入剧场）这个问题并不存在客观事实，因此为了解释大脑中的过程与“beta现象”之间的反差，我们无须假定某种系统性的时间延迟。我们经验到以这般顺序发生的事件，但这并不必然意味着关于这些事件的信息也以同样的顺序进入大脑。

针对作为精神世界实质中心的自我观的反驳，并不是新近才出现的哲学思想。其实早在2500年前，古印度的佛陀就已经提出了无我的理论。

根据这种理论，我们由一个身体和四个心理成分组成，这四个心理成分分别对应着不同的认知功能。自我不能被等同于这四种心理成分的任何一个（因为所有这些成分都在不断变化，而自我是连续的），它也不仅仅是所有成分的总和（因为自我是一个统一体，而非变化着的要素的松散联合）。自我也不是与四种心理成分相分离存在的事物。但这并不意味着我们不能谈论自我和人格，自我和人格构成了我们对世界进行概念化的重要部分。不过，自我只有名义上的存在。它无非是出于纯粹实用的目的而叠加在我们的物理和精神成分之上的东西。它使我们能够在世界中定位自身，就如同鼠标指针使我们能够在电脑界面中定位自身一样。鼠标指针既不“在”电脑中，也不是持存的物体（我们一关上电脑，它就不存在了），更不是电脑运作的中心，与此类似，自我也并不像其所呈现的那样真实。

《大月圆经》（*Mahapunnama Sutta*）节选

“僧人，你怎么想？物质是否永恒？”

“并不永恒，尊敬的施主。”

“不永恒之物是痛苦还是快乐？”

“痛苦，尊敬的施主。”

“可以说痛苦和变化的不永恒物‘是我的，是我，是我自己’吗？”

“不能，尊敬的施主。”

“僧人，你怎么想？感觉、感知、反应和意识是否永恒？”

“并不永恒，尊敬的施主。”

“不永恒之物是痛苦还是快乐？”

“痛苦，尊敬的施主。”

“可以说痛苦和变化的不永恒物‘是我的，是我，是我自己’吗？”

“不能，尊敬的施主。”

“因此，僧人，根据真正的智慧，任何种类的物质，无论过去、现在还是将来，都应当被视作其真实的样子，因此它‘不是我的，不是我，不是我自己’。根据真正的智慧，任何种类的感觉、感知、反应和意识等，都应当被视作其真实的样子，因此它‘不是我的，不是我，不是我自己’。”

我们说自我是叠加在各种成分之上的东西，这会引发一个问题：是谁把自我叠加上去的呢？如果把自我视为对我们的经验世界进行统一的东西，那么我们可以合理地用飞行模拟器驾驶员的视角来看待它。我们的大脑从一系列感知输入中创造出自我运作的世界图像。我们无法走出自己的大脑，因此我们无法真正看到颅内模拟之外的世界是怎样的。我们甚至不觉得那是一种模拟。不过笛卡儿剧场的难题表明，并不存在那种像模拟飞行驾驶员一样的自我。相反，我们的物理成分和精神成分的总和发挥着一种全面模拟器的功能，它不仅模拟着机舱里收到的信息，而且也模拟着驾驶员本身。作为我们感知输入的统一者，自我是一种模拟或错觉，而且根本不存在那种体验着模拟或错觉的，同时其自身完全不受模拟或错觉影响的人。

有意思的是，这种统一的自我观出人意料地受到另一个方面的诘难。这种反对意见来自量子力学解释。

如前所述，根据某些量子力学解释，波函数的坍塌发生在意识与被测量的量子对象发生相互作用的时刻。这种相互作用，也就是测量，决定了量子对象多个可能属性中的哪一个会成为现实。在测量之后，该对象就只能有那个属性而不具备其他可能的属性。不过我们在此要谈的是另一种量子力学解释，这种解释主张：在测量之后，所有的可能属性都是量子对象的真实属性。因为没有东西能够同时拥有不相容的属性，因此这意味着当一个对象被观察的时候，宇宙就分裂成了一系列非常相似的分身，在第一个分身中，该量子对象有一个属性，第二个分身中，该对象有另一个属性，以此类推。这就相当于博尔赫斯小说中崔朋（Tsu’i Pen）[1]的那本迷宫式的小说，在其中，主人公的每个选择都会催生出更多的叙事，每个叙事对应着一种可能结果。在这种连续分叉的可能性之树中，一切可能发生的事物都会被描述成某个叙事。

1 崔朋（Tsu’i Pen）是博尔赫斯的小说《小径分岔的花园》中的人物。——译者注借助这种所谓的“多重世界解释”，我们无需假定心灵与物质的根本差异，就可以对关键的物理实验加以解释。但由于我们（作为观察者）本身也是物质对象，测量过程同样也使我们发生了分裂，因此多个分离的宇宙中也存在着多个分离的“我”，他们永远不会再结合。这就如同掷骰子，你得到的不仅是一个数，而且这个过程会同时产生六个同样完整的宇宙，每个宇宙都包含着你，只是每个你投骰子所得到的数字各不相同。

但在这六个“你”中，哪一个才是真实的你呢？一方面，如果其中每个都是你的延续，你就不具备统一的自我，因为这六个“你”会沿着非常不同的方向发展，他们会有不同的经验，并且做出不同的决策；相反，单一的自我只能沿一个方向发展，只有一套经验，并且只能做出一类决策。另一方面，如果这六个“你”中有一个是真实的你，那么你似乎就获得了永生。

让我们思考以下这个实验。假设我们有一个用于测量量子对象的某个属性的设备，这个属性可以呈现也可以不呈现，并且两者的概率相同。现在让我们把这个设备绑在一支枪上。该设备每分钟测量一个量子对象，如果该对象不呈现相关属性，测量设备就不做任何动作；如果对象呈现出相关属性，测量设备就会触发枪的扳机，向你的头射出子弹。如果你进行这个实验，那么在你的视角看来，枪是永远不会开火的，因为每次它开火的时候，宇宙就分裂为两个分身，在其中一个分身中，被测量属性并不呈现，枪没有开火。你就只能是在枪没开火的世界中的自我，而不能是在枪开火的世界中的死去的自我。（相反，如果你在旁观其他人进行这个实验，那么你就有50%的概率在第一分钟里看到有人死于枪下。）只要相关属性不呈现的概率不是零，你就有可能永远不停地从实验中存活。同样的观点显然也适用于实验之外。如果世界始终不断地分裂，只要在你死之前分裂出一个你在其中存活的世界，那么鉴于“你”在那个世界中是真实的，你就永远不会经验到自己的死亡。

尽管这种永生似乎对某些人很有吸引力，但“你只存在于无数分岔宇宙中的一个”这个观点是有问题的。其中的一个主要困难就在于如何回答为什么我们自己存在于骰子掷出数字6的世界，而不存在于掷出数字5的世界。究竟是什么决定了哪一个自我才可以延续呢？在六个版本中，我们有着几乎相同的身体，因此起决定作用的不可能是物理上的差异。解决这个问题的唯一方法，似乎就是假定存在一种不可感知的、非物理意义上的自我。然而，如果存在这种自我，那么是否可能出现这样的状况，即：尽管我们认为自己现在就位于当前的世界，但实际上它是许久之前从某个其他世界中分裂出来的。

但这似乎并不是我们应该担心的问题。我们似乎回到了上述那个服用自我的药物的状况。如果这种不可感知的自我只是为了确保多重世界解释的分裂宇宙中有持续存在的东西而假设出来的，那么我们或许就可以通过事先摒弃统一自我的假定，来避免关于自我所在位置的那种无根据的担忧了。

我们关于自我的最后一种合乎直觉的观点就是：它是我们施加控制的地方。自我是一个行动主体（agent），它把来自外部世界的信息转变为对于世界的行动。行动主体这个概念的核心，就在于能够实施行动，并且这种行动并不是感知输入物的直接后果。因别人的要求而把盐瓶递过去，这是与（被自己往菜里加盐的欲望驱使）自己伸出手去拿盐瓶非常不同的行动。但令人费解的是，当我们仔细考察人脑的机制时，与行动主体性（agenthood）相关的神经活动似乎变得非常不同。

在对产生自主肌肉运动的大脑运动皮层活动的研究中，科学家发现一种发生在运动之前的独特神经活动模式，也就是所谓的“准备电位”（readiness potential）。20世纪80年代，为了研究准备电位与有意识的行动决定之间的时间先后关系，神经科学家本杰明·李贝特（Benjamin Libet）进行了一个后来

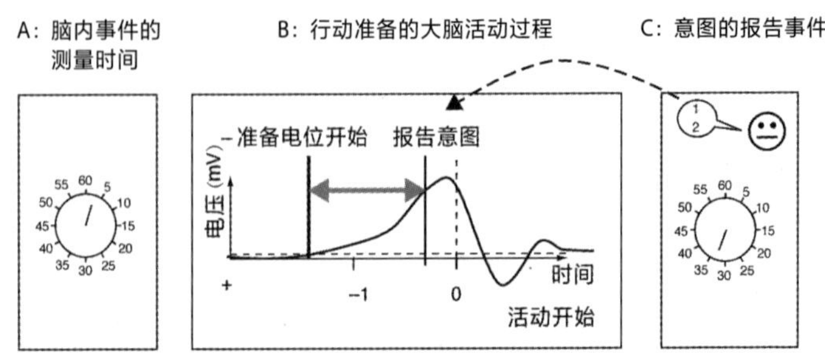

图13　对准备电位（RP）的探究

被广为讨论的实验。在实验中，受试者被要求在看着图表的同时自己选择一个时刻做出手部动作。实验使用脑电图（EEG）来测量受试者大脑中的电流活动，并且要求受试者报告当他们感到自己有做手部运动的意图的那一刻，图表上的指针在哪个位置。有意思的是，受试者报告的时刻无一例外地都比他们大脑中准备电位出现的时刻要迟一些。因此，我们没什么理由认为意图是引发准备电位的原因，因为对做某个行动之意愿的经验只能发生在促成该行动的那些大脑过程之后。行动的意图似乎是在我们心中自发形成的，它的确有原因，只是我们无法意识到这个原因。虽然这个原因——准备电位，无法通过内省的方式察觉，但它终究是存在的。移动我们手的意图似乎是毫无原因地自发形成的，因为它是跨越意识领域和无意识领域的大脑过程之链的第一个环节，在这个具体的实验装置中，行动之意志的表象和行动本身的表象都出现在大脑中，但我们可以从中推断出意志才是引发行动的原因。

我们的心灵倾向于“无中生有”地制造意图行动的表象，这个现象也能在另一些情形下观察到。尽管有些行动在我们看来完全像是意图的产物，但这并不能确保它们事实上是意图做出的。借助一种叫作“穿颅磁模拟”的技术，我们可以在头骨外通过磁场来激发或抑制大脑的活动。这样一来，我们就能够进行这样的实验：在实验中，受试者被要求在看到信号后选择伸出自己左手或右手的食指，与此同时，我们对受试者大脑控制运动的区域进行磁模拟。受试者更倾向于伸出与被刺激大脑相反的那一边的食指，但他们却丝毫没有意识到自己的选择受外部力量的影响。

在更极端的案例中，我们的心灵甚至会虚构出完全不存在的行动意图。在一个有意思的实验中，受试者被要求用一种通灵板[1]似的、和同伴共享的鼠标在电脑屏幕上选择图像。他们通过耳机听到一些词语，其中一部分词语和屏幕上的图像有

1　通灵板（Ouija board）也称为对话板（Talking board），是流行在欧美的一种占卜方式，它的外形为一种平面木板，上面标有各类字母、文字、图形等符号。——译者注

关。事实上，受试者的“同伴”就是实验人员，他们会在受试者不注意时悄悄把鼠标缓慢移到某张图像附近。如果受试者的鼠标指向玫瑰的图片，并且在几秒前听到从耳机里传出的“玫瑰”这个词，他们往往会报告说自己是有意把鼠标移到了玫瑰图片上。关于玫瑰的念头是完全由外在因素（耳机）引发的，但图片的出现又加强了这种心理意图。心灵产生出一种“我做的”叙事，于是我们就将其作为不可置疑的第一人称报告，尽管它往往缺乏事实基础。

对作为控制者的自我观的质疑，不仅来自对心灵背后生理机制的深入研究，而且也来自一些令人意想不到的领域，比如模因学（memetics）。模因学是对于模因（meme）的研究，就如同遗传学（genetics）是对基因（gene）的研究。遗传学研究生物的生命如何通过基因的复制得以延续和发展，模因学研究的则是心灵的生命如何通过非物质的、观念式的复制者（模因）而被理解。模因可以是像“吃东西前先煮熟”“用轮子来运输重物”这类基本观念，也可以是像围棋、欧几里得几何学、波你尼[1]梵文语法、透视绘图法，当然还包括模因学本身

1 波你尼（Pāṇini），公元前4世纪南亚健驮逻（位于现在的巴基斯坦）的梵文语法家。——译者注

等具有极复杂结构的观念。基因是宿主（带有基因的生物）所携带的不可见对象，它能为宿主带来特定的效果（生物的表现型）。与此类似，模因是单个心灵所携带的不可见对象，它能在决定该心灵的长期状态方面体现出具体的效果。

当代演化理论中一个颇有影响力的观点就是：演化的驱动力不是有机体，而是基因。持这种观点的人不把基因视为有机体繁殖并增进种群健康的工具，而是将其看作自私的复制者，有机体则是基因为了提高自身复制的概率而催生出来的。虽然对基因有利的通常也都对宿主有利（例如对某种流行病有免疫力的基因就有很大的复制概率，因为它的宿主可以活得更长），但也存在两者显著冲突的情况。

这种冲突在所谓的“分离畸变基因”（segregation distorter genes）中表现得特别明显，这些基因影响的不是头发或肤色等特征，而恰恰是产生精细胞和卵细胞的染色体减数分裂过程。分离畸变基因需要确保自己在精细胞和卵细胞中超量存在，才能大幅增加复制的概率，即便这种复制会对单个或多个有机体带来灾难性的后果。其中一个广为人知的例子，就是鼠类的t-基因，这种基因就以这种方式欺骗其他基因，如果有机体的两个亲本只有一方携带这种基因，它就不会产生显著的影响。而如果两个亲本都带有该基因，生出的小鼠就会夭折或终生不育。凭借其在精细胞和卵细胞中超量存在的能力，t-基因得以在老鼠群体中传播，从而使幼鼠从亲本遗传该基因的概率增大。最终，大量的t-基因携带者有可能导致整个老鼠群体的灭绝。这种基因的运作不仅与携带它的有机体的利益背道而驰，而且与自身利益相背离，这是极为短视的体现。

基因聚集在有机体中是为了更好地复制自身，类似地，我们可以认为模因聚集在一起是为了形成自我。在此，熟悉的先后秩序被颠倒过来——不是我们拥有观念，而是观念拥有我们。根据这种观点，“自我”是由占据着人类大脑的模因为了方便复制自身而制造出来的东西。就如同基因为了方便复制自身而聚集在有机体中——因为有些基因能够控制其他基因所需的生物成分的生产——模因聚集在自我中也是为了复制自身。在这种自我中，那些能够相互促进复制概率的模因就会聚集起来。例如，对制造火药的模因而言，如果它所在的自我也包含制造炸弹、燃烧弹、火箭、地雷、枪支和火炮等的模因，那么它的扩散能力就会大大提高。因此，我们心灵中的模因之所以存在，既不是因为它们反映了世界的存在方式，也不是因为它们使我们更聪明、更成功，或更有同情心，而单纯是因为它们对其自身有利，也就是说，是因为它们非常善于自我复制。就像基因的情形一样，复制者是否对宿主有利并不是判断其成功与否的最佳标准。

不过，也不能认为我们是被寄生的模因控制。因为模因在我们的生存中起着至关重要的作用，把“我们”和模因对立起来的观点是错误的。并不存在那种对抗入侵的模因的独立心灵，有的只是一系列复杂的模因，它们把自身视作“自我”的，并把其他模因视作可以接受的盟友或应当排斥的敌人。当然，我们通常并不是这样看的，我们相信自己是掌控的一方，是我们拥有观念，而不是相反。认知科学认为这种作为“自我”的认知人造物是“透明”的——我们透过它们观看世界，却忽视了它们作为构造物的性质。这就如同我们眼睛的视野看起来是连续和统一的，但实际上并不是这样，因为视网膜的不同部分在解像能力上有很大差异，而且每个眼球都存在视觉盲点，此外我们的眼睛也在不停地跳动（医学上称为“扫视”）。从这些跳动而分散的数据中建构出连续视野的过程是在我们认知能力之外的，同理，从聚集的模因中产生自我的过程也不是我们能够感知到的。可以说，自我是一种错觉，这种错觉中并不存在产生错觉之人。

正如前述思考所表明的那样，如果那种合乎直觉的、作为身体内部统一者的和不变行动主体的自我观并不像看上去的那样合理，那么自我究竟是不是真实的呢？显然，根据黑客帝国定义和1984定义，自我的真实性是毋庸置疑的。自我（因为其透明性）向我们呈现，并且大多数人也感觉到大多数其他人拥有自我。但根据约翰逊定义，自我的真实性就不太显著了。自我是被制造出来的，它是一种认知模型，并且（如果模因学家是正确的话）是由模因聚集而成的复合物。末日定义显然不适用于自我：如果我们不存在，那么自我也就不存在。我们还看到，根据那个最具实质性的真实性定义——乌龟定义，自我的真实性也是不明晰的。在那些旨在对世界的关键部分给出全面解释的理论中，最原初的事物——基本粒子、基因、模因等，并不包括自我。因此，自我似乎并不出现在最基础层面的描述中，它是当简单因素聚合成复杂整体的时候才出现的人造物。

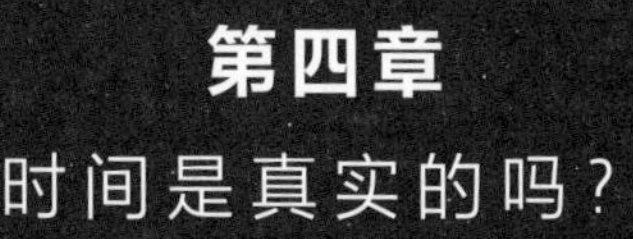

第四章

时间是真实的吗？

在莱茵河东岸的一处山中，坐落着熙笃会海斯特巴赫修道院（Heisterbach Abbey）的遗址。当地流传着这样一则传说：15世纪时，修道院的一位僧侣走到树林里，沉思着《圣经·诗篇》里的经文（“在你看来，千年如已过的昨日，又如夜间的一更”）。这位僧侣坐在林子里不知不觉睡着了，直到被修道院晚祷的钟声唤醒。他回到修道院，发现那里变得有点儿奇怪，礼拜堂里的僧侣没一个认识他。他们问这个僧侣是谁，僧侣回答说自己叫伊沃，是在恩格博尔特·冯·贝格就职科隆主教的那一年进入修道院的。“那可是三百多年之前啊！”众僧侣惊叹道。伊沃忽然感觉到自己肩上被加上了三个世纪的重量，就在临死之前，他明白了上帝向自己展示了其超越时间的存在，现在正召唤他回到时间中去。

就如同这个传说所反映的，我们会怀疑自身所经验的时间或许在末日定义的意义上并不真实。我们的时间（人类时间）似乎是只有人才能感受到的东西，如果人类不存在，时间可能也就不存在了。在这种时间之上，则是另一种与之完全不同的、客观真实的时间，也就是上帝那时刻呈现着的、永恒不变的存在。

图14　海斯特巴赫修道院遗址

一种更深层次的怀疑认为：时间甚至不是那种无法还原的世界基本属性，也就是说，根据乌龟定义，时间并不真实。这种怀疑在科学家和哲学家中颇为普遍。剑桥大学的哲学家麦克塔加特（J. M. E. McTaggart）就是这种非真实时间观的代表人物。他指出：我们倾向于用两种方式看待时间。一方面，时间是动态的（dynamic），每个时刻都是从未来变为现在，并最终变为过去；另一方面，当把一个时刻放在另一个时刻之前或之后考虑时，或者认为两个时刻具有同时性时，我们往往把这些时间属性看作是不变的。这种关系并不随着时刻从未来到现在再到过去而发生改变。某年的1月5日总是位于该年1月6日之前，无论是过去、现在，还是将来。麦克塔加特把第一种看待时间的方式称为A-序列，把第二种方式称为B-序列［如果你觉得容易弄混，不妨把“A”理解为“dynamic”（动态）一词中的“a”］。麦克塔加特认为，B-序列并不足以把握时间的本质。时间意味着变化，但B-序列中一切都是不变的：各个时刻之间的“在前”“在后”和“同时”关系实际上是固定的，它们就像一排房间，彼此的顺序永远不变。此外，我们所知道的时间显然不仅仅是B-序列给出的内容。知道所有B-理论知识的人也就知道了一切时刻之间的时间先后关系，但他未必能告诉你今天的具体日期。“当下”这个概念并不在B-理论的词汇之中，它是A-序列中才有的概念。不过麦克塔加特还指出：A-序列也有其自身的问题。

任何事件都不可能同时既是过去又是当下，也不可能既是当下又是将来，或者既是过去又是将来。但A-序列所理解的时间概念意味着：任何事件所经过的时间都同时具有过去、现在和未来这三个互不相容的属性。因此A-序列是自相矛盾的。

解决这个难题的方法其实很简单，我们只需指出，任何事件都不能同时拥有过去、现在和将来这三个属性，而只能依次拥有它们：先是未来，接着是当下，然后是过去。不过，我们还是不完全清楚如何用合乎直觉的方法令人信服地把这个解答表述出来。不妨以“麦克塔加特在1866年的生日”这个具体事件为例（下文用M来表示）。我们似乎可以说：在1850年，M是将来，而在1900年，M是过去，这样就不会自相矛盾了。然而，这种说法（在1850年是将来，在1900年是过去）已经不再是A-理论的表述了，因为它们并不会随着时间的变化而变化。在1850年是将来的东西，无论时间如何推进，它在1850年都仍然是将来。把A-理论的描述重新描述为B-理论的描述，这无助于解决矛盾，因为如前所述，B-理论的时间观本身并不令人满意。

另一个解决矛盾的思路，就是用更多A-序列描述来进一步解释A-序列描述。比如我们可以主张，M并没有逻辑不一致的时间属性，因为：

M在当下是过去,

M在过去是当下,

M在更遥远的过去是将来。

与“在1850年是将来”这类说法不同,上面这些描述不仅彼此相容,而且也会随着时间的改变而改变。随着时间的推进,M会从“在过去是当下”变为“在更遥远的过去是当下”。问题在于:当谈论时间的时候,我们谈论的不仅是当下,而且还有过去。例如,就现在而言,“黑斯廷斯战役[1]当下正在发生”是个过往事实。例如,关于麦克塔加特在1866年的生日,可以举以下几个就现在而言的过往事实:

M在最近的过去是过去,

M在最近的将来是当下,

M在当下是将来。

1 黑斯廷斯战役(Battle of Hastings)是1066年10月14日,英格兰国王哈罗德·葛温森的盎格鲁-撒克逊军队和诺曼底公爵威廉一世的军队在英国黑斯廷斯地区进行的一场交战,以征服者威廉获胜告终。——译者注不幸的是，这些事实与我们先前给出的A-序列描述并不相容（例如，M不可能同时既在当下是过去，又在当下是将来）。于是我们再一次面临自相矛盾的局面。由于B-序列不能真正把握时间的本质，而A-序列会导致自相矛盾，因此麦克塔加特得出结论认为时间是不真实的，我们对时间的感知无非是一种错觉。

20世纪（或许是有史以来）最伟大的数学家之一库尔特·哥德尔也提出了类似的观点。哥德尔指出，客观的时间之流（也就是A-序列意义上的时间）意味着现实（reality，也就是一切存在之物）[1]会在时间中扩大。随着时间的流逝，未来之物一一出现，从而扩大了一切存在之物的集合，当下的时刻迅速变为过去，留下一层层时间的沉积物。我明天打算烤的生日蛋糕当下尚不存在，但随着生日从将来变为当下，蛋糕也就由单纯潜在的未来对象变成了真实的当下对象。于是现实就比原先多了一个此前不包含的事物，即那个生日蛋糕。

这种观点的一个困难在于：目前我们最好的物理学理

1 英文中的reality兼有真实、实在、现实等多个含义，中文里无法用一个词涵盖所有意义，此处及下文若干地方的reality，酌情译为“现实”。——译者注论，特别是狭义相对论，早已不再允许我们在任何绝对的意义上谈论“现在”了。举一个简单的例子：假设在一列运动着的车厢，一束灯光从车厢中部的窗子射进来，照亮整个车厢。车厢两端分别有一面镜子，由于每面镜子与中部车窗的距离完全相同，车厢内的观察者可以看到灯光同时从两面镜子反射回来。然而在车厢外部的观察者看来，光抵达一面镜子的时刻要比抵达另一面镜子的时刻来得早，因为一面镜子与光的行进方向相反，另一面镜子则与光的行进方向相同。因此我们只能认为：同样的两个事件（两束光分别从两面镜子反射）对一个观察者而言是同时发生的，但对另一个观察者则不是。这意味着，假设我现在打个响指，事实上不存在任何客观的方式来界定在这个打响指的瞬间所发生的一切事件的集合（亦即在绝对意义上的现在所发生的一切事件之集合）。从我们的视角看来，这个响指和其他一些事件（比如钟表的嘀嗒声、铃铛的振动等）是同时发生的，而在另一些观察者看来它们却是相继发生的。

不过，这也意味着：关于哪些对象是不断增长的现实的一部分这个问题，并不存在客观的答案。一切现在存在的东西都是现实的一部分，但我们说的是哪个“现在”呢？我们似乎不得不承认：不仅同时性的概念是相对于惯性系[1]中的观察者而言的，而且“现实”概念也是一样，因为我的现在可能与你的现在包含不同的事物。

然而这种现实观（真实观）难以与末日定义或乌龟定义所体现的对于真实性的最基本理解兼容。如果真实（现实）意味着无论如何都存在的东西，或者意味着沿着依赖性链条一直往下追溯（从分子到原子，再到亚原子粒子等）最终得到的东西，那么我们显然不能说这种基础的东西是相对于观察者而言的。因此，为了拯救绝对意义上的现实（真实性），包括哥德尔在内的许多思想家都倾向于摒弃客观时间的观念，也就是说，他们不认为现实会随着单纯潜在的未来变为真实的当下而不断生长。

为了捍卫这个观点，哥德尔给出了一个特别有意思的论证，他试图在论证中表明：存在一些有着特定物理条件的宇宙，在这些宇宙中，我们有可能乘坐火箭在时间中朝任何方向往返运动，无论是过去还是将来，就像我们的宇宙允许我们在

1　惯性系，即惯性参考系。参考系是研究物体运动时所选定的参照物体或彼此不做相对运动的物体系，分为惯性系和非惯性系两类。在惯性系中，不受外力时，物体会保持相对静止或匀速直线运动状态，其时间是均匀流逝的。——编者注

空间中朝任何方向往返运动。显而易见，在这些能够做时间旅行的“哥德尔宇宙”中，既不可能有客观的时间之流，也不可能有不断增长扩大的现实，因为我们不可能到不存在的地方旅行。想象中的拉普塔岛[1]并不是我们世界中某个潜在的旅行目的地，因为它并不存在。同理，未来（有人会说也包括过去）也不是这种目的地，因为它们也并不存在。不过在“哥德尔宇宙”中，向未来旅行是可能的，因此未来必定存在。但这意味着现实不能随着未来变成当下而扩大，因为一切存在之物已然是现实的一部分了。

我们的世界事实上是否属于“哥德尔宇宙”，这并不是最关键的。问题的关键在于：“哥德尔宇宙”和我们的宇宙之间的差别，充其量只是物质和运动在宇宙尺度上分布的差异而已，它们在自然定律上是相同的。然而，是否存在客观的时间之流，这是关于世界遵循何种自然定律的问题，而不是关于各种粒子如何排布的问题。一方面，关于物质和运动如何分布的事实似乎太弱，不足以作为产生时间之流的基础；另一方面，通过确定这些事实是否成立，从而确定我们是否处于“哥德

1　拉普塔岛（the island of Laputa）是乔纳森·斯威夫特1726年的小说《格列佛游记》中出现的一个飞行岛。——译者注

尔宇宙”，这是个非常错综复杂的困难任务。我们不仅需借助性能强大的望远镜进行精密的观测，而且还需做出极为复杂的一系列理论推导。而我们对于时间之流的信念，比如“明天的生日蛋糕只可能在明天存在”这个信念，就完全依赖于这些极为复杂的观测的结果。然而，这里好像出了点问题：它似乎意味着直接经验并不足以作为时间之流存在与否的决定性证据。这些观测所能确保其存在的那种“时间”，似乎与向我们呈现时间毫无关系：无论它是否存在，世界向我呈现的样子都不会有任何不同。我们甚至不太明白为什么要把这种东西叫作“时间”，比如我们大可以将其称为“物质和运动在宇宙尺度上的分布方式”。

非但自然定律无法成为时间之流的基础（因为在“哥德尔宇宙”和我们的宇宙中，这些定律都是一样的，但只有在前者中才有时间之流），单纯的时间表象以及物质和运动的分布也都不能成为其基础（时间的表象在不同的世界并没有差异，而物质和运动的分布则与我们对于时间的直接经验全然无关）。因此哥德尔认为，我们只能得出这样的结论，即：时间是不存在的。时间之流以及那不断增加的现实都无非是我们的错觉。

除时间之流外，时间还有一种看似不言自明，实则难以捉摸的特征。时间有三种样貌：过去、现在和未来。如果追问时间是否真实，我们就必须明确地追问这三种样貌中哪些是真实的（或三者都不真实）。

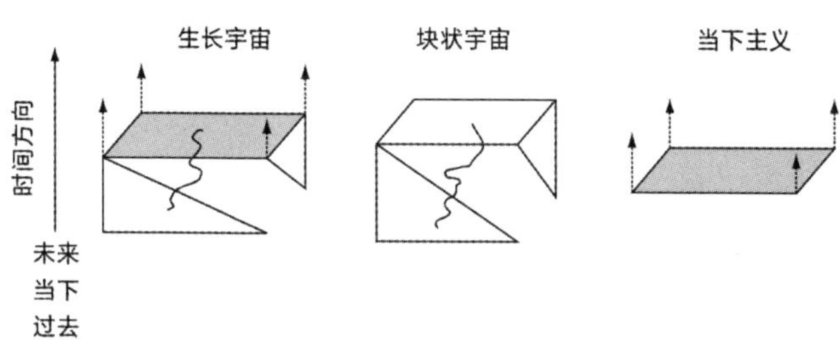

图15 三种时间观。浅灰色表示当下

最常被讨论的有三种可能性：所有人都同意当下是真实的。上文提到的生长宇宙理论（Growing Universe theory）认为，未来并不真实，该理论预设一种通往开放未来的真正的时间之流。而块状宇宙理论（Block Universe theory）则主张过去、现在和未来三者都同样真实，相反，流动的时间和生长的现实都是错觉。用音乐做类比有助于理解这三种立场：生长宇宙理论中，当下是在流动的，这就如同正在演奏中的音乐；而块状宇宙理论中的时空是固定的，就如同我们用记乐谱的方式把乐曲固定了下来，使得整个乐曲都在同一个时刻呈现；最后一种时间观是当下主义（presentism），它主张只有当下是真实的。（我们将在后文讨论。）

生长宇宙理论似乎反映了大多数人的时间观。他们把过去和现在视作（至少在某种程度上）是真实的，并认为未来并未确定，因而是不真实的。这里的真实性根据的是约翰逊定义和末日定义。因为过去和当下并不是我们编造出来的：过去已经发生了，它无可改变；当下则是我们需要面对的状况，而非我们希望出现的状况；只有未来是开放和尚未决定的，只有它或多或少可以根据我们的意志加以塑造。根据末日定义，过去也是真实的：即便世界上所有的心灵此时都消失了，过去也仍然是过去。

菲利克斯·埃博迪，《恒星与地球，或关于空间、时间和永恒的思考》（1854）

当然，半人马座的观察者永远无法看到地球的北半球，因为这个星座从未上升到北半球的地平线以上。但假定这是可能的，假定半人马座恒星上的观察者有强大的视力，能够分辨出我们小小地球上一切在阳光中发出微弱光芒的物体。他在1843年可以看到1840年的公共照明系统如何把我们国家城市的夜晚照得亮如白昼。织女星上的观察者将能看到我们十二年前发生的事……以此类推，一直到十二等星[1]上的观察者，假想他有无限的视力，这个十二等星上的观察者可以看到地球上4000年前发生的事，他能看到孟菲斯城邦的建立，也能看到亚伯拉罕主教在地上留下足迹。

遍布宇宙的是无数的恒星，它们散落在以太中，与我们的距离约是240亿到330亿千米。无论回溯到历史上的哪一年，宇宙中无疑都有恒星能够看到地球上那个过往时代发生的事，就如同它们发生在当下。它们是如此合乎时间顺序，这些观察者很快就可以看到这些事情在更早的时代中的形成条件。……

一切的秘密行动和交易都永远无法被消融和抹

1　天文学术语。根据星星的不同亮度，将其划分为不同星等，星等的数值越小，星星越亮，最亮的为一等星。——编者注

> 去，它可以在恒星之间传播。一个谋杀案的作案现场不仅被固定在房间的地上，也将永远在无垠的天国中被审视。

过去之所以看起来是真实的，其直接原因似乎是由于我们无法改变它的任何方面。已经发生的终究已经那样发生了，那是永远无法改变的。而对我们的意图和欲望有如此大抵抗力的东西，必定是独立于我们存在的。不过值得注意的是，正如伯特兰·罗素指出的那样，这个世界，连同其中所有的化石、考古遗迹、图书馆、建筑物和我们的记忆，有可能只是在5分钟前被创造出来的。在这种情形下，虽然我们可以和现在一样讲述过去的事情，但它们只是故事，因为其并不指称真正存在的东西。当谈论过去时，我们其实是在以迂回的方式谈论现在——我们谈论现在发现的化石，谈论现在阅读的文件，谈论我们现在在心中引发的记忆。

历史学家也曾以一种较温和的方式否认了一部分过去的真实性，其中最具代表性的观点就是“幻觉时间假说”

（Phantom Time Hypothesis）。这种假说主张：公元614年到公元911年的这段时间是由中世纪历史学家发明出来的。根据此观点，又产生了来自那个时期的建筑和工艺品其实都来自其他时期，查理曼大帝（742—814）是个虚构人物，因此公元2000年其实应该是公元1703年的想法。这个想法听起来虽然颇为离奇，但与那个著名的量子物理学实验相比，可是小巫见大巫。

这个实验就是所谓的“延迟选择实验”，在该实验中，我们向一个有双缝的屏障射出量子对象。如果该对象表现得像粒子，它就会穿过这两条缝中的一条；如果它表现得像波，它就会在屏障的另一边呈现出我们熟悉的干涉图案。在这个屏障后面是一个磷光屏那样的探测设备，磷光屏的背后则是两个望远镜，每个望远镜分别对准屏障上的一条缝。当放置了磷光屏时，量子对象就会按干涉图案聚集；如果把屏幕取走，我们就可以通过望远镜观察到量子对象穿过左边或右边的缝的过程。至此，一切看起来都没什么特别。

但如果我们在量子对象穿过屏障之后再决定是否放置屏幕，就会出现奇怪的现象。按道理，此时量子对象本该已经确定以何种方式穿过屏障了：它要么像粒子一样穿过其中一

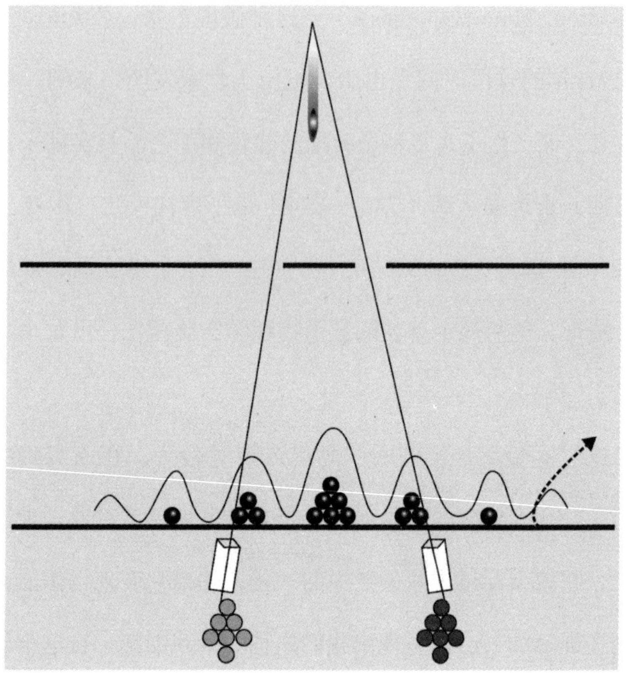

图16　延迟选择实验

条缝，要么像波一样同时穿过两条缝。因此本该有可能的情况是：当量子对象同时穿过两条缝时，我们选择望远镜的探测方式，从而可以同时在两个望远镜中观察到该对象。但这种状况从来没有发生过。

如果我们用一个遥远星系来代替上文中的双缝，结果就会变得更有戏剧性。星系的质量是极大的，它的引力能够扭曲时空，因此一束光经过星系时会发生弯曲。不妨想象我们和某个光源之间隔着一个星系。由于受到星系的扭曲，光源发出的光子有可能向左或向右绕过星系，也有可能同时向左和向右绕过星系。但与前面的实验类似，我们发现：光走哪条路径似乎取决于我们选择哪种测量设备。然而我们观测的光束来自数十亿年前，显然它的路径早在地球人出现之前就已经被决定了。这个实验似乎表明：我们在当下的决定（是否放置屏幕）能够对发生在过去的事件（光子走哪条路径）产生影响。当然，我们不可能以这种方式任意改变过去的事实（例如，我们现在无法让光子走左边的缝）。但即便我们在当下只能改变过去的某些方面，那种以不可变的性质和对我们自身欲望的抵抗为依据来试图证明过去真实性的做法，其说服力也将大打折扣。

虽然否认过去真实性的理论与日常的世界观背道而驰，但否认未来真实性的看法却似乎与大多数人的直觉相一致。（我们会论证说）如果未来已经是真的了，如果未来不是由于我们当下的所作所为而变成真的，那么我们的一切行动就都失去了目的。块状宇宙理论的支持者似乎很难为自由意志辩护。根据该理论，向未来的运动就如同拿着蜡烛走过一个个黑暗的房间：随着当下的光照向未来，此前隐藏的物体渐渐显出了轮廓。不过毫无疑问，这些物体是一直存在于那里的。

虽然假定未来的不真实性是合理且合乎直觉的，但令人吃惊的是，我们仍然可以根据一个被广泛接受的理论——相对论——来给出关于未来真实性的证明。

前述那个带镜子的运动车厢的例子表明：在一个观察者看来同时发生的两个事件，在（相对于第一个观察者运动着的）另一个观察者看来未必同时发生。如果涉及的距离非常大，那么观察者之间哪怕是很微小的相对速度差异，也有可能导致时间无法同步的状况。有名的“仙女座悖论”（Andromeda paradox）就是基于这个事实。

仙女座星系距离地球约250万光年。如果想要知道仙女座星系中的哪些事件与地球上的事件（例如某个电子钟从11：59：59跳到12：00：00）发生在同一时刻，我们就必须非常仔细地考察时间的快慢。假设仙女座的事件A与地球上我处于静止状态的手表指针跳到正午同时发生，而仙女座的事件B与地球上我朋友手表的指针跳到正午同时发生，再假设我朋友以正常的速度步行，那么仙女座上A与B之间的时间差可能多达一个地球日。

然后奇怪的现象发生了：假设位于仙女座星系某处的一帮

邪恶的外星人决定攻击地球。他们的决定是在我的手表指针跳到正午的那个时刻做出的。我可以看到我朋友在草坪上漫步，当他的手表指针跳到正午时，仙女座上的事件已经过了一个地球日：他们的星际舰队已经在前来毁灭地球的路上了。我和我朋友都是真实的，而且似乎毫无争议的是，与真实的东西发生在同一时刻的东西也是真实的。因此仙女座上的两个事件也必定是真实的，然而一个事件却比另一个事件晚一个地球日发生。因此未来的事件可以与当下的事件一样真实。

对于无论过去、现在还是将来的任何事件，我们都可以界定出一个地点，使得如果某人在此地点以某个速度运动，他的动作就会与该事件同时发生，这样一来，我们就可以把这个观点普遍化了。当然，那个人实际上可能并不存在，但未来的某些事件真实与否取决于宇宙的某个地方的某个人以怎样的速度运动，这个想法本身已经足够古怪了！

我们在此似乎只有两个同样奇怪的选项。第一个选项是选择相信一部分未来已经被固定下来了，它们不再是可以被我们的行动所塑造的、流动不定的单纯可能性。在未来的这些部分中，宇宙的某处的参照系中存在着这样的观察者，使得未来的这个特定部分与他的动作是同时的。第二个选项则认为：不仅同时性是相对于观察者而言的，而且真实性也是如此。飞向地球的仙女座星际舰队对我朋友来说是真实的（因为那与他的动作同时发生），我朋友对我来说是真实的，然而星际舰队对我来说却并不真实，因为它尚在我的未来。不存在那种所有人都共享的、不依赖于观察者的客观当下的真实性，有的只是对你而言的真实、对我而言的真实……这些主观的现实能够彼此部分重叠。（仙女座星际舰队对我朋友真实，我朋友对他自己真实。但只有我朋友对我真实，星际舰队对我并不真实。）因此，我们所有人都活在其中的那个现实并不涵盖整个宇宙，相反它只是现实的一小部分，在其中我们可以彼此相互作用，因为这部分现实中的所有对象和事件对其中的某个人而言都是真实的。

奥古斯丁，《忏悔录》，卷十一

有一点已经非常明显，即：将来和过去并不存在。说时间分过去、现在和将来三类是不确当的。或许说，时间分过去的现在、现在的现在和将来的现在

> 三类，比较确当。这三类存在我们心中，别处找不到。过去事物的现在便是记忆，现在事物的现在便是直接感觉，将来事物的现在便是期望。如果可以这样说，那么我是看到三类时间，我也承认时间分三类。

最后，当下是真实的吗？在时间的三个分区中，当下的真实性似乎是最确定无疑的。与过去和未来不同，当下是我们生活着的所在。它也是我们与其他一切存在者所共同享有的东西：我们位于不同的地点，但都共享同样的时间。正如奥古斯丁所指出的：过去的真实性的唯一依据，就是它在当下所留下的痕迹；而未来的真实性的唯一依据，就是我们在当下对它的期望。

不过，尽管当下的真实性显得非常稳固，但它似乎要比过去和未来都更难以把握。过去和未来都是持续（或将会持续）的时间段，但当下会持续多久呢？不管挑选多么短暂的时间段，我们似乎总是可以在其中区分出更小的时间段，而只有这些更小时间段的中点才能真正被视作“当下”。但如果不断以这种方式切分时间，当下就会变得像刀锋那么纤薄，它一面紧挨着过去，另一面紧挨着未来。这种新的“当下”是如此地短暂，以致我们会怀疑其中能否发生任何事件！

此时一个有用的做法，就是区分真正的当下与主观的（或心理的）当下。通过节拍器实验，我们很容易确定主观当下的持续时长。如果把节拍器设定在每分钟120拍（也就是每秒听到2拍），听者能够在心中对这些节拍进行分组：比如通过在心中每2拍、每3拍、每4拍……强调一次，我们可以把节拍分为长短不等的组。但这种分组的能力是有限度的。当节拍器的速度降到每分钟40拍（每1.5秒一拍）以下时，我们就很难把它们分为两拍一组了。一般说来，人类无法对长度超过3秒的节拍进行主观经验的分组。（当带着码表朗诵诗歌时，你会注意到大多数诗句的长度都不超过3秒。）因此我们可以合理地推测：主观当下的持续时间大约是3秒。

因此主观当下或心理当下并不像刀锋那么纤薄，它更像是有宽度的鞍状山脊。当然，心理当下不同于真正的当下。尽管心理当下构成了我们的时间域，并且涵盖了一切我们认为同时发生于现在的事件，但它还是可以进一步分解的。在主观当下的时刻里，一个以正常速度步行的人大约可以走出4米距离，当这个人到达中点时，他已经走过的2米距离就位于其心理当下中真正过去的部分，而他将要走的2米距离就位于其心理当下中真正将来的部分。主观当下或表象当下在时间上是延展的，它可以进一步分成较早的和较晚的两部分。与此相反，真正的当下没有组成部分，它不是一个时间段。

在追问当下是否真实的时候，我们想要知道的不仅仅是它根据前三个相对较“软”的定义是否真实。众所周知，当下向我们呈现，它也向大多数人呈现，因此根据黑客帝国定义和1984定义，当下的真实性是毫无争议的。但根据较“硬”的末日定义和乌龟定义，当下究竟真实与否呢？

在这两个意义上论证当下的真实性的时候，我们遇到的困难在于：这并不是科学理论所讨论的问题。虽然当下对于世界如何向我们呈现而言非常重要——因为当下就是世界向我们呈现的时刻——但就末日定义所指那种真实性而言，当下并不是真实的。如果不存在任何有意识的存在者，那么就不会有“现在”。完全科学的宇宙描述不会告诉我们什么是“现在”。它不认为当下具备任何其他时刻都没有的特别性质。

另一个困难则是：尽管当下在主观上非常重要，但我们似乎并不会体验到当下。如果你的手感到火的温暖，这种感知必须通过各种神经通路，从你皮肤的某个地方经过你的手臂和身体，最后抵达大脑。一旦关于温度的信息来到大脑，它就被与许多其他信息整合起来（这些信息或许是在其他时候从你的感觉器官获得的）——例如关于火焰的视觉，或者关于烧焦木材的气味。这些复杂而融贯的表征涉及许多物体和事件，它们的属性就构成了燃烧的火的表征。然而，就当我们在认知上获得这些信息的时候，产生这些信息的那个时刻本身恰恰已经成了过去。试图与当下时刻取得联系，就如同观看遥远的恒星：当星体发出的光抵达我们眼睛的时候，星体本身可能已经早已不存在了。当然，这里涉及的时间尺度要小得多，不过基本的观点是类似的。

20世纪50年代初，美国心理学家本杰明·李贝特通过一系列实验，对我们大脑建立起当下意识时所产生的这种延迟做了研究。李贝特的实验很有意思，因为它们与受试者的大脑有直接的相互作用。其中一些手术是在接受局部麻醉的患者有意识的时候进行的。通过这种方式，医生可以用弱电流刺激患者大脑的特定区域，并观察患者身体的反应，从而绘制出大脑表面的地图。安全起见，手术要确保不接触那些性命攸关的区域。除绘制脑区图外，科学家还可以在不带来新风险的情况下进行附加的实验（前提是患者同意这么做）。

李贝特对大脑处理皮肤触觉信息的部分进行了刺激实验。当向这些区域施加电流时，患者获得了一种感觉，而后这种感觉被“向外投射”到这个区域处理的信息通常来自的地方。尽管受到刺激的地方是大脑，但患者感觉到的不是大脑表面的刺激，而是手上皮肤的刺痛。

李贝特实验的一个有意思的结果在于：电脉冲要施加较长时间（大约0.5秒）之后，患者才会感受到它。在感知过程中，0.5秒显得出人意料地漫长。（相比之下，脉冲从手到大脑的“传递时间”只需大约0.02秒。）短时间的电刺激是无效的，即使加大脉冲的强度也是如此。需要注意的是，这种0.5秒的感知延迟并不意味着我们与世界的相互作用都延迟了0.5秒。我们的反应会比这快得多。（例如，我们能够分辨出间隔仅为0.003秒的两个声音。）不过，在大多数极快速反应中，我们都无须意识到自己反应的对象。至少就对世界的有意识感知而言，0.5秒的延迟似乎是把感觉变为意识的必要时间。大脑对感知内容的无意识察觉要快得多，但意识的形成需要时间。

我们可以把这种0.5秒延迟与电视台“现场直播”中习惯上设置的延迟做个比较（后者的延迟通常是几秒钟到几分钟不

等）。电视直播设置延迟，是为了能在已经拍摄且尚未播出的这段时间内进行最后的编辑或审查（2004年超级碗半场秀中的“走光事件”显然表明当时的电视台没有设置延迟）。大脑中也发生了类似的过程：在皮肤的感觉变为意识所需的0.5秒时间里，大脑能够对其加以“删除”，将其完全排除在我们的经验之外。李贝特在实验中给患者施加了两个感觉：一个由皮肤刺激引发，另一个则由大脑刺激引发。当患者分开来感觉它们时，这两个感觉是很好分辨的。但令人诧异的是，如果在皮肤刺激之后约0.2秒再施加脑刺激，患者就不会感觉到任何皮肤刺激。

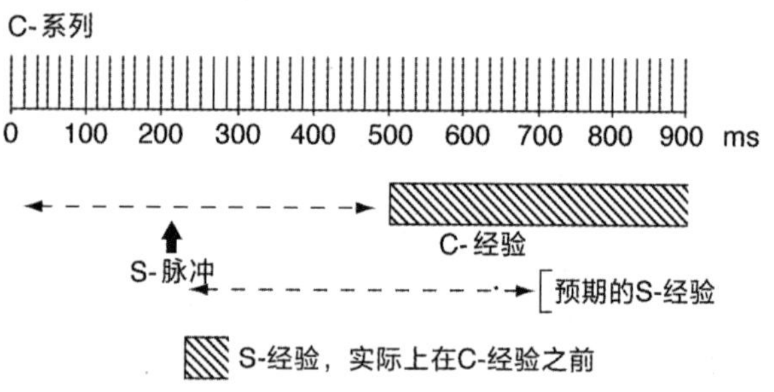

图17　李贝特实验示意图

也就是说，脑刺激掩盖了皮肤刺激，阻止了后者进入意识。这之所以可能，完全是因为我们的感知并不直接和当下接触。当我们意识到某种感觉的时候，它在0.5秒之前就已经存在了，并且由于感知过程在时间上的“厚度”，它有可能与那些已经到达大脑的信号发生干涉，使其在进入意识之前就消失不见。在现场直播中，那段缓冲时间使我们与当下发生的事件脱离，使人不禁怀疑其是否准确表征了实际状况。我们的感知从来都不曾与当下直接接触，而是留下了充分的内部编辑的时间，这个事实也不禁让人怀疑，呈现于眼前的图景是不是世界的真实表征。

如果我们看过大脑在时间上玩弄的其他招数，这种怀疑论就会变得更有力了。李贝特再一次给受试者施加两种刺激：一个直接施加在大脑（示意图中用C表示），另一个则施加在皮肤上（S）。C-刺激施加在前，S-刺激则发生在C-刺激之后约0.2秒。正如所预期的那样，受试者在C-刺激施加之后的0.5秒感受到了C-刺激。我们会预计受试者感受到S-刺激的时间大概在施加C-刺激之后的0.7秒（0.2 + 0.5）。但令人吃惊的是，受试者报告说自己在感觉到C-刺激之前（也就是施加C-刺激之后约0.2秒）就已经感觉到S-刺激了，换言之，受试者几乎是在施加S-刺激的同时立即感受到了它。

在此，感知的时间顺序被颠倒了，实际顺序是C-S，而心理顺序则是S-C。我们如何解释这种现象？当然，S-刺激和C-刺激一样，在进入意识之前需经过0.5秒的延迟。因此，对这种惊人现象唯一合理的解释就是：大脑把意识到S-刺激的时刻从本来的C-刺激之后的0.7秒提前到了C-刺激后的0.2秒，也就是在施加皮肤刺激之后的一刹那。就如同电视台的审查可以把两个现场直播的场景对调顺序一样，大脑也可能会在哪个事件首先发生的问题上欺骗我们。我们并不能确保自己感知到的事件顺序就一定与它们实际发生的顺序相符。

我们的经验总是比当下要延迟一会儿，这个事实虽然听来令人不快，却也无伤大雅，它并不会带来严重的实际后果。不过，如果把这个事实与一种（并非无人问津的）关于时间三分区之真实性的观点结合起来，就会导致非常令人不安的理论后果。这种观点就是“当下主义”（presentism），它主张过去和未来都不真实，只有当下才是真实的。当下主义不仅认为当下的时刻是我们经验的中心，而且也将其视作整个本体论的中心。非但我们所体验到的一切（感觉、记忆、期待）都是现在体验到的，而且这个“现在”也是世界上唯一存在的东西。

当谈论过去和未来的时候，我们谈论的无非是当下的特定属性（例如恐龙化石或登陆火星的计划）。但是过去完全不存在，它甚至算不上介于存在和非存在之间的暧昧状态。不过如果我们的感知仅仅与过去相连，那无非意味着我们的感觉器官从来都无法为我们提供任何真正关于周遭世界的信息。事实上，这是非常令人困惑的局面：我们曾感知到的任何东西都不存在，因为一旦我们的注意力把握到了任何事物，这些事物就都已经消失不见了——但问题在于，我们的整个经验，也就是我们所看到的周遭世界，如何能是关于不存在之物的感知呢？

如前所述，在那个最彻底的“真实”的意义上，时间中的一个分区（也就是当下）并不能说是真实的。根据末日定义，当下并不真实，因为在没有心灵的世界不存在当下时刻。当下是心灵的人造物，而非无心世界的组成部分。除非我们能假定心灵是世界不可还原的成分，否则根据乌龟定义，当下也不可能是真实的——它不可能属于构成世界的最基础的成分。然而，时间的其他分区（过去、未来）又如何呢？尽管当下在物理学中没有任何位置，但时间本身则长期以来在物理学中占据着非常重要的地位。在牛顿力学的世界中，时间是协调整个宇宙所有事件的统一者。它持续不断地从当下流向未来，时间之流决定了事件的前后顺序以及相互距离。但此后物理学的发展一点点打破了这种时间观：那由过去射向未来的“时间之箭”，不再被视作世界的内在特征（而被认为是宇宙间物质分布的结果），同时性取决于参照系，时间在不同的地方能够以不同的速度流动。

根据乌龟定义，物理学是否还认为时间是真实的呢？换言之，时间仍然是构成宇宙的基本要素吗？它还是独立于任何其他东西的、一切存在的基本成分吗？尽管世界在基础层面的非时间性远未成为学界的共识，但不乏一些有意思的理论，这些理论并不假定时间具有最基础层面的真实性。其中一种有代表性的立场主张把时间比作货币。没有人认为货币是构成世界的基础成分，它只是经济上为了方便交易而发明出来的装置。不过，正如物物交换经济所表明的，交易没有货币也能进行。同样地，时间的主要功能在于描述变化，但即便不指涉时间，这个功能也是可以实现的——我们可以让重复出现的物理过程相互指涉。比如，我们可以不使用“蜜蜂每秒振翅230次”“人的心脏每分钟跳动75下”或者“地球每天自转一圈”这类描述，而是把人心跳的速度描述为184次振翅，这样地球自转的速度就是108 000次心跳，蜜蜂振翅的速度则是0.005次心跳。

在这种新的描述中，一切对分、秒、日等的指涉都不见了。这种谈论时间的新方式显得非常笨拙，就如同物物交换经济显得非常笨拙一样。如果想要一个陶罐，你就必须携带各种货物去集市，希望制陶匠看得上其中的一两样，乐意用陶罐和你交换。相比之下，携带一种叫作“钱”的中立储值物就要简单得多，它可以在许多场合下使用。类似地，使用一种叫作“时间”的中立的变化确定装置也要方便得多，你可以不必每次都以某种具体的周期过程来测量各种变化，比如地球的自转等。非时间性世界理论的支持者认为，我们的错误就在于：把货币和时间这类为了便利而造出来的东西，拔高成了末日定义和乌龟定义那个意义上的真实对象。

虽然这个观点认为时间在基础层面并不真实，但它并未怀疑事物在发生变化这个事实。相比之下，物理学中新近出现的一种更激进的理论则否认时间的存在。其基本想法可以简单理解为块状宇宙理论的某种变体。想象一只吃纸的甲虫蛀穿了一副扑克牌，它从第一张牌开始一直蛀到底部那张牌。如果我们把这副扑克牌散开，我们仍然有可能通过重新按原顺序叠放来重构原先这个孔洞。这就是块状宇宙理论的一般看法，一张张扑克牌就对应于由无数的现在组成的序列，而甲虫的通道则对应于一个物体在二维空间中的运动。

现在让我们想象一副大得多的扑克牌，纸牌上的孔可以遍布宇宙中任何一个地方，而且纸牌是可以重复的。一个地方可能只被铺上两张带孔的纸牌，也可能被铺上几千万张带孔的纸牌。根据一般的块状宇宙理论，历史就是由孔的位置相近的各张扑克牌集合而成的。根据这个新理论，扑克牌的序列未必要位置相近，纸牌的孔可以位于非常不同的地方。虽然块状宇宙理论中不存在时间之流，但它带给我们当下状态的单一序列，历史正是由这种序列构成的。如果我们可以走出时间，我们将能够看到一条贯穿起各个时刻的平滑曲线，它反映的是某个对象在时间中所经历的变化。但根据块状宇宙理论变体的描述，我们甚至无法在二维世界中给出静态三维物体的等价物。

叠成一摞的扑克牌对应的是整个宇宙在每一个瞬间的可能状态。就如同各个地方的带孔扑克牌可以被重新叠成一摞，宇宙在时间中的各个相继的状态也有可能由毫无关系的另类状态组成。虽然通常的块状宇宙理论假定各个相邻状态之间在各方面是彼此相似的，但历史进程却有可能在不同另类版本的宇宙之间发生跃迁。

既如此，世界为什么向我们呈现出平滑变化的样子呢？

当下为什么总是与最近的过去非常相似呢？我们看到滚动的桌球，从而假定在此前一刻的宇宙中，这个球的位置要比现在偏左一点。但此前一刻的宇宙有可能与当下完全不同。它之所以不如此向我们呈现，是因为当下的某些特征给了我们这样的印象，仿佛此前的时刻是如此这般。我们无法获得关于过去的知识，因为我们唯一能做的只是审视当下的某些特征和结构，并从中推测出此前时刻的可能面貌。

说得更具体一点：假设把一个正在观看桌球比赛的人的大脑冷冻起来，这个大脑编码的不仅是球在当下的位置信息，而且也包括更早时候的神经活动中的关于这个球此前位置的信息。通过这种方式，不同的静态图像同时存在于大脑中，大脑就是从这些同时呈现的静态的球的图像中产生出球运动的表象。而即便前一时刻的宇宙中完全没有桌球，以上这些也仍然是可能的。即便在一个宇宙的所有历史瞬间都随机无规律组合的世界中，我们还是能够建立起时间之流中的变化表象以及关于平滑变化的历史的经验。因此，我们对时间和变化的经验的性质，并不足以驳倒这种变体块状宇宙理论的可能性。

现在我们已经来到最后一个选项。我们可以既不认为传统块状宇宙理论中不同版本的宇宙之间存在“平滑”的通道，也不认为它们的组合是随机和跳跃性的，而是主张这些版本之间不存在任何通道，无论是平滑的还是跳跃的。宇宙所有可能的瞬时结构都是同样真实的。不同于块状宇宙理论，时间中的对象在此不可能被等价于区块中的轨迹，也不同于当下主义理论，这里的现实并不是唯一的。所有的“现在”都是同样真实的，它们在一种抽象和非时间的意义上只存在一次。我们之所以会觉得自己生活在一个有过去的世界，是因为我们所生活的这个“现在”的某些结构可被解释为我们此前的“现在”所留下的痕迹。其中包含的一些特征可被解释为那些彼此逻辑一致的、遵循着特定自然定律的以往过程的记录。

“可被解释为”这几个字在此非常关键，因为这些过程并不存在。如果上帝在公元前4004年创造了世界以及所有的化石记录，我们可以把这些化石记录解释为早得多的古生物生活过的证据，但我们这么做显然是错的。说实话，这个观点比之前那个更令人欣慰一些，因为如果所有不同版本的宇宙都同样真实，那么其中包含恐龙的“现在”就会与我们生活其中的“现在”同样真实了。不妨认为我们的这个“现在”包含了恐龙那个“现在”的部分表征（经由化石记录），因而我们关于恐龙存在的主张并非完全错误。恐龙的确存在，只不过它们所生活的那个“现在”并不是我们这个“现在”的时间前件。在这个版本的超当下主义（hyper-presentism）中，从前文那几个基础的意义上说，时间都不是真实的。在其最基础的层面，世界完全是静态的。

结　语

哲学书籍一般都要在结尾处对作者在书中提出的立场做一番总结，但笔者并不打算这么做。本书前文不仅论证说，我们一般认为的真实事物（物质对象、你自己、当下时刻）其实未必真实，而且也指出我们一般认为不真实的东西（比如未来）有可能是真实的，因此我们无法宣称任何具体物的真实性（或非真实性）已经获得了决定性的证明，而且那么做显然也超出了这本小书的篇幅所限。单单是本书提到的问题之一，也就是真实性（实在性）概念本身，就早已在印度哲学中被争论了至少2500年，并且在西方催生了汗牛充栋的哲学文献。因此笔者在本书中唯一能做的，就是勾勒出当前几种主要论点的轮廓，希望以此为您提供一些指引，以便您能自己继续思考这些问题。

故此笔者这里将不做任何总结，而是想向您展示几幅哲学图，借助这些图，您会比较容易看出本书中的各个观点如何结合起来，形成一个融贯的哲学立场。图中的八边形表示有意识的心灵，位于中央的八边形特别表示的是您。图中的四边形则表示一切无意识的事物。如果图形所代表的对象是真实的，我们就将其涂上灰色，否则就把它留白。以下就是最重要的几种哲学立场所呈现的样子：

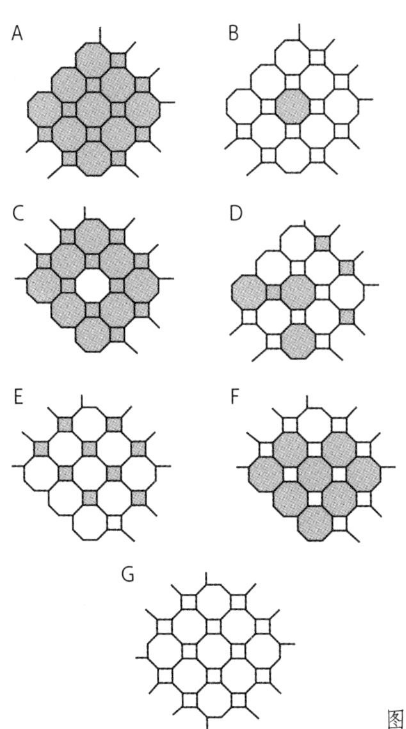

图18　哲学地图

在图A中，所有的图形都被涂灰了。我们把这种理论称为普遍主义（universalism），普遍主义认为一切事物都是真实的。无论是电子、心灵、货币还是数字，它们都是这个世界完全意义上的组成部分。普遍主义的主要困难在于：它也把一些看上去不那么真实的东西视为真实，比如你不存在的双胞胎兄弟、现在的尼泊尔的国王[1]等。虽然我们或许可以把这类东西归为“单纯可能物”，但我们如何归类那些不可能的对象呢?比如最大的数字、不孕妇女的儿子，或者费马大定理[2]的反例。

与图A所代表的本体论的芜杂丛林相比，图B就要简洁得多：其中唯一真实的就是你自己，其他一切皆不真实。几个世纪以来，这种唯我论（solipsism）一直是哲学理论中的美女与野兽。其诱人之处在于它几乎无法被反驳，而它的骇人之处则是：这样的世界在大多数人看来是灾难性的。

不幸的是，唯我论受到的关注比那个和它同样有意思的表亲多得多，这个表亲就是图C所示的反唯我论（anti-solipsism）。在反唯我论看来，除你之外的其他一切都是真实

1　2008年，尼泊尔制宪大会通过决议，宣布尼泊尔正式废除君主制，成立共和国。——编者注

2　费马大定理，由17世纪法国数学家皮耶·德·费马提出。他断言，当$n>2$时，关于x、y、z的方程$x^n+y^n=z^n$没有正整数解。

的，唯独你不真实。它的观点就如同小说中的虚构人物看待小说作者的世界（而非该人物所生活的虚构世界）。我们通常会认为自己是世界的中心，是存在之轮旋转的枢轴，反唯我论正与此形成了鲜明的对立。

图D表示的是那个（或那类）被称为选择性实在论（selective realism）的理论。当前学界所谈论的大多数哲学理论都可以归为此类。根据这种观点，你以及许多其他人都是真实的。但并非所有的人都真实，像劳拉·克劳馥和夏洛克·福尔摩斯这些虚构人物就是反例。在正方形所代表的无意识事物中，有一部分是真实的，另一部分则不真实。而究竟哪些无意识事物是真实的，则取决于具体的“选择性实在论”。在某些理论中，电子是真实的，而数字和函数这些数学对象则不真实；在另一些理论中，数学对象是真实的，而物质对象却不真实。有些理论认为时间是真实的，另一些理论则反对这点。

尽管选择性实在论多种多样，但我们可以将其分为两大类，分别用图E和图F表示。第一类理论（图E）认为，有意识的东西都不真实，笔者称其为无心理论（mindless theories）。无心理论主张：从根本上说，构成世界的不是心灵、人格和自我，而是亚原子粒子、时空点和数学对象。当然，这类理论必须解释没有心灵的世界中如何能产生有意识的存在者。尽管在心灵对象和物理对象的关系问题上，无心理论为我们带来了许多有益的洞察，但平心而论，这种研究纲领尚不完整，也未能令所有人满意。与此相反，图F表示的是群体心灵理论（group-mind theories），这种理论认为有意识的事物是唯一真实的东西。一切真实之物要么是心灵，要么是心灵的活动。它面临的困难在于说明那些明显的非心灵对象（例如茶杯或珠穆朗玛峰）为什么会被视作世界的组成部分。群体心灵理论要做的不是解释心灵如何能从物质中产生，相反，它要解释为什么物质是源于心灵的。

在最后的图G中，所有的图形都是留白的。这意味着根据此理论，一切都不真实，我们把这种极简的理论称为非实在论（irrealism），非实在论要比它的近亲“虚无主义”（nihilism）更合理一些，后者主张无物存在。不少人怀疑虚无主义本身能否做到逻辑一致，因为如果无物存在，那么无物存在就当为真，那么就存在“无物存在”这样一个真理，那么就至少有一物（即这个真理）存在。因此，至少存在一些东西，这就与最初无物存在的假定矛盾了。非实在论就没有这个问题。实际上，根据真实性的乌龟定义，一切都不真实的状况是完全可设想的，因为依赖关系的链条有可能是没有终结的（它可能无限长，也有可能是环路）。如果非实在论为真，那么《我们的世界是真实的吗》这本书就会比它现在短得多，因为就像“爱尔兰的蛇”“亚述-巴比伦的集邮者”或者“前哥伦布时代的美洲轮子史”一样，“真实”这个词条下面也会空无一物。

马上扫二维码，关注“**熊猫君**”

和千万读者一起成长吧！